晨读时光

主　编　周金奚　胡　赞
副主编　沈耀星　范秀芳　李　云
参　编　丁　喆　章琳琨　陈雪平
　　　　　张向光　刘新盛　刘继明
　　　　　刘慧敏　金　磊　李　翔
　　　　　傅桂香　徐含婉　徐松玉
　　　　　叶玲妹

版权专有　侵权必究

图书在版编目（CIP）数据

晨读时光 / 周金癸, 胡赞主编. -- 北京：北京理工大学出版社, 2021.7
ISBN 978-7-5682-9931-2

Ⅰ. ①晨… Ⅱ. ①周… ②胡… Ⅲ. ①阅读课－中等专业学校－教学参考资料 Ⅳ. ①G634.333

中国版本图书馆CIP数据核字(2021)第115022号

出版发行 / 北京理工大学出版社有限责任公司
社　　址 / 北京市海淀区中关村南大街5号
邮　　编 / 100081
电　　话 / （010）68914775（总编室）
　　　　　（010）82562903（教材售后服务热线）
　　　　　（010）68944723（其他图书服务热线）
网　　址 / http://www.bitpress.com.cn
经　　销 / 全国各地新华书店
印　　刷 / 定州市新华印刷有限公司
开　　本 / 889毫米×1194毫米　1/16
印　　张 / 13.5　　　　　　　　　　　　　　　　责任编辑 / 梁铜华
字　　数 / 219千字　　　　　　　　　　　　　　　文案编辑 / 杜　枝
版　　次 / 2021年7月第1版　2021年7月第1次印刷　　责任校对 / 刘亚男
定　　价 / 40.00元　　　　　　　　　　　　　　　责任印制 / 边心超

图书出现印装质量问题，请拨打售后服务热线，本社负责调换

Preface 前言

本书由金华市技师学院、永康市职业技术学校、德清县职业中等专业学校、丽水职业高级中学、杭州市富阳区职业高级中学五所职业学校的数名一线教师根据多年的教学和实践经验精心编写而成。本书精心挑选古今中外文学史上的名家名篇作为诵读选文，所收录的文章既有古典诗词、古籍佳作，也有近现代诗文，每篇文章后辅以相关的知识小链接，引导学生在理解文本的基础上深入文章创设的情景之中，激发学生想读、乐读的兴趣，以读带思，陶冶学生情操，扎实其人文底蕴，丰厚其文化内涵。

本书共收录文章近百篇，选编的文章类型多样，语言优美生动，有较强的朗读性，非常适合学生晨读时使用。本书设置了家国情怀、风光美景、传统文化、意象写作、情感体验、勤学奋斗六个单元主题，从不同层面展现当今时代职业教育立德树人的要求。每个单元又细分为三个子主题，每个子主题由古文、近现代散文、诗词、主题拓展等内容组成。每篇文章后面附以知识加油站、助记导图、作品档案、情境默写、知识小链接五个小模块，通过文本诵读和五个小模块的练习，学生可以理解文学作品的意境、文本的内涵和作者的情感，便于朗诵和记忆。与此同时，本书"读训一体"，兼具实用性和可操作性，对提高学生的审美情趣和文化修养具有良好的作用。

  本书参照职业学校学生语文核心素养培养要求，选材时既考虑语文知识教育，又体现思想道德教育，注重"文"和"道"的兼顾。选录的文章都蕴藏着优秀的民族文化和中华民族精神，通过诵读学生可以领略祖国的人文之美、民俗之美、历史之美、文化之美、传统之美，可以在诵读中传承、发展、创新中华文化。本书可以作为审美教育、情感教育的载体，以期通过诵读优秀作品言德、诵读优秀作品启智、诵读优秀作品塑美，以多种方式唤醒学生的心智与灵魂，促进其生命成长，为今后的人生奠定文化基础。

  本书既适合职业学校学生晨读时使用，又可作为职业学校语文课程的辅助教材，也可作为职业学校学生和广大社会青年的课外读物。本书不仅有助于学生培养朗读兴趣，而且有助于其树立文化自信与文化自觉意识。

  本书由金华市技师学院周金奚、永康市职业技术学校胡赞担任主编，金华市技师学院沈耀星、范秀芳，德清县职业中等专业学校李云担任副主编，编写分工如下：永康市职业技术学校丁喆、章琳琨编写第一单元；金华市技师学院陈雪平、张向光、刘新盛编写第二单元；丽水职业高级中学刘继明、刘慧敏、金磊编写第三单元；德清县职业中等专业学校李云、杭州市富阳区职业高级中学李翔编写第四单元；永康市职业技术学校傅桂香、徐含婉编写第五单元；金华市技师学院徐松玉、叶玲妹编写第六单元。

  本书在编写过程中参考和借鉴了许多专家学者的文献资料，在此一并致谢。

  由于时间仓促，编者水平有限，书中难免存在不足之处，恳请广大读者批评指正。

编 者

目录

第一单元　拳拳赤子殷殷情　1

一、爱国　2
书愤　2
正气歌（节选）　4
我用残损的手掌　6
离别（节选）　9
少年中国说（节选）　12

二、卫国　14
秦风·无衣　14
从军行七首·其四　16
东北抗日联军第一路军军歌　17
谁是最可爱的人（节选）　20
三元里平夷录（节选）　22

三、报国　24
蜀相　24
狱中题壁　26
当我死时　28
回到祖国的怀抱（节选）　30
记念刘和珍君（节选）　33

第二单元　如画江山竞多娇　35

一、清山　36
终南山　36
梦游天姥吟留别　38
清平乐·六盘山　40
黄山小记（节选）　42
孟门山　46

二、秀水　48
十七日观潮　48
由桂林朔漓江至兴安　50
怒江　52
桨声灯影里的秦淮河（节选）　53
游珍珠泉记　56

三、古迹　59
晚登三山还望京邑　59
咏怀古迹·其三　61
敦煌　63
春游颐和园（节选）　65

第三单元　浓浓时光淡淡香　69

一、节日　70
青玉案·元夕　70
中元夜　72
观潮　74
虎丘中秋夜　77

二、时令　79
晚晴　79
蝶恋花·春景　81
秋天的梦　83
西欧的夏天（节选）　85
雪　87
满井游记　90

三、饮食　92
猪肉颂　92
沁园春·洞庭春色　94
便条　96
食道旧寻（节选）　98
论语·乡党（节选）　101
湖心亭看雪　102

第四单元　眼有星辰心有月　　105

一、植物　　106
赏牡丹　　106
鹧鸪天·桂花　　108
墙头草　　109
黄山绝壁松　　111
病梅馆记　　114

二、动物　　116
白马　　116
得猫於近村以雪儿名之戏为作诗　　118
老马　　120
狗这一辈子　　122
黔之驴　　125

三、景物　　127
新晴野望　　127
天净沙·秋　　129
红帆船　　131
江南的冬景　　133
始得西山宴游记　　137

第五单元　尘世喧嚣情意贵　　140

一、亲情　　141
秋思　　141
纸船——寄母亲　　143
孝心无价　　145
回忆我的母亲（节选）　　148
弟子规·入则孝　　150

二、友情　　152
卜算子·送鲍浩然之浙东　　152

临江仙·送钱穆父　　154
送别　　156
风雨中忆萧红（节选）　　158
高山流水　　161

三、爱情　　163
新添声杨柳枝词二首·其二　　163
西洲曲　　165
偶然　　167
我在等你　　169
朱生豪情书（节选）　　171
牡丹亭记题词　　173

第六单元　时光莫负趁华年　　176

一、青春　　177
采桑子·时光只解催人老　　177
青春万岁（序诗）　　178
岁月　　181
青春　　183
闪耀吧，青春的火光　　185

二、勤学　　188
四时读书乐　　188
观书　　191
读书使人优美　　193
炳烛而学　　196

三、奋斗　　198
南陵别儿童入京　　198
相信未来　　200
做一个战士　　203
报任安书（节选）　　206
滕王阁序（节选）　　208

拳拳赤子殷殷情 第一单元

单元导读

"我和我的祖国,一刻也不能分割,无论我走到哪里,都流出一首赞歌……",对于祖国,我们有着深厚的感情,也有着不舍的眷恋。从古至今,无数文人雅士,都用生花妙笔热情地书写或表达着对祖国的热爱,或展示对祖国前途命运的关切,或抒发保家卫国、建功立业的豪情壮志……

在悠悠的历史长河中,中华文化灿若星河。悠久的历史,注定了她不平凡的经历。而今,时代的接力棒要由我们来传承。无论何时何地,祖国的命运都与我们紧紧相连。未来国之竞争,必在少年之争。我们时刻准备着,用自己的血肉之躯支撑起祖国坚强的脊梁!

一、爱国

书① 愤

南宋/陆游

早岁②那知世事艰，中原北望气如山。
楼船夜雪瓜洲渡，铁马秋风大散关。
塞上长城空自许，镜中衰鬓已先斑。
出师一表真名世，千载谁堪伯仲间。

知识加油站

◎ 重点字词

① 书：写。
② 早岁：早年，年轻时。

◎ 诵读点拨

"早岁那知世事艰"中的"那"读上声调。"中原北望气如山"应读出高山巍巍耸立之势。"楼船夜雪瓜洲渡，铁马秋风大散关"读时语速稍快，语调激昂，以显其豪壮。"空"要重读，"已先斑"处读降调，整句语调低沉。"真名世""谁堪"重读，结句读降调。

助记导图

愤 —— 早年决心收复失地的雄心斗志 —— 叙述 —— 早岁、北望、瓜洲渡、大散关

愤 —— 时不再来，斗志难酬的感慨 —— 抒情 —— 空自许、已先斑、真名世、谁堪

作品档案

陆游（1125—1210年），字务观，号放翁，越州山阴（今浙江绍兴）人，南宋文学家、史学家、爱国诗人。宋高宗时应礼部试，被秦桧所罢黜；中年入蜀，官至宝章阁待制；晚年退居家乡，但收复中原信念始终不渝。陆游诗现存9 300多首，是文学史上存诗最多的诗人；他的诗内容丰富，大多抒发政治抱负或反映民间疾苦，但始终贯穿着爱国主义。

《书愤》是陆游1186年春居山阴时所作，抒发了内心对于国事的忧愤，自伤迟暮，感慨世事多艰，小人误国，以致恢复中原的时机一去不复返。

情境默写

①作者亲临抗金战争一线，北望中原，抒发收复故土的豪情壮志的句子是"＿＿＿＿＿＿＿，＿＿＿＿＿＿＿"。

②作者回忆昔日大败金兵收复失地的辉煌战绩的句子是"＿＿＿＿＿＿＿，＿＿＿＿＿＿＿"。

③作者为岁月已逝，壮志未酬而痛心疾首的句子是"＿＿＿＿＿＿＿，＿＿＿＿＿＿＿"。

④作者表明自己追慕诸葛亮的功绩，渴望施展抱负的句子是"＿＿＿＿＿＿＿，＿＿＿＿＿＿＿"。

知识小链接

陆游经典诗句（一）

①纸上得来终觉浅，绝知此事要躬行。

——《冬夜读书示子聿》

②山盟虽在，锦书难托。

——《钗头凤·红酥手》

③小楼一夜听春雨，深巷明朝卖杏花。

——《临安春雨初霁》

④已是黄昏独自愁，更着风和雨。

——《卜算子·咏梅》

正气歌（节选）

南宋/文天祥

天地有正气，杂然赋流形。下则为河岳，上则为日星。於人曰浩然，沛乎塞苍冥。皇路当清夷，含和吐①明庭。时穷节乃见②，一一垂丹青。在齐太史简，在晋董狐笔。在秦张良椎，在汉苏武节。为严将军头，为嵇侍中血。为张睢阳齿，为颜常山舌。或为辽东帽，清操厉冰雪。或为出师表，鬼神泣壮烈。或为渡江楫，慷慨吞胡羯。或为击贼笏，逆竖头破裂。是气所磅礴，凛烈③万古存。当其贯日月，生死安足论。

地维赖以立，天柱赖以尊。三纲实系命，道义为之根。嗟予遘阳九，隶也实不力。楚囚缨其冠，传车送穷北。鼎镬甘如饴，求之不可得。阴房阒④鬼火，春院闭天黑。牛骥同一皂，鸡栖凤凰食。一朝蒙雾露，分作沟中瘠。如此再寒暑，百沴自辟易。哀哉沮洳场，为我安乐国。岂有他缪巧⑤，阴阳不能贼。顾此耿耿存，仰视浮云白。悠悠我心悲，苍天曷有极。哲人日已远，典刑在夙昔。风檐展书读，古道照颜色。

知识加油站

◎重点字词

① 吐：表露。

② 见：同"现"，表现，显露。

③ 凛烈:庄严、令人敬畏的样子。

④ 阒(qù):幽暗、寂静。

⑤ 缪(miù)巧:智谋,机巧。

◎诵读点拨

全诗运用古体诗的语调,显得高古悲壮。因此,诵读时要表现出庄严、豪迈、悲壮之感。

助记导图

作品档案

文天祥(1236—1283年),南宋名臣、民族英雄,宋理宗宝祐四年(1256年)中进士第一。宋恭帝德祐元年(1275年),元兵长驱东下,文天祥在家乡组织万人起兵抗元。次年,临安被围,文天祥升任右丞相兼枢密使,奉命往敌营议和,因坚决抗争被拘,后得以脱逃,并转战于赣、闽等地。后来兵败被俘,坚贞不屈,在大都(今北京)英勇就义。

1281年夏,在湿热、腐臭的牢房中,文天祥写下了名垂千古的《正气歌》。历数古时忠肝义胆的仁人志士,表明自己要以先哲为楷模的志气。至元十九年(1283年)慷慨就义。

情境默写

①作者引出全文话题,描述"正气"的句子是"_____,_____"。

②作者认为正气万古长存,不会被气节之人的生死所影响的句子是"_____,_____"。

> **知识小链接**
>
> **文天祥经典诗句**
>
> ①人生自古谁无死？留取丹心照汗青。
>
> ——《过零丁洋》
>
> ②臣心一片磁针石，不指南方不肯休。
>
> ——《扬子江》
>
> ③我欲登山去采薇，江南秋雨正霏霏。
>
> ——《为刘定伯索油蕨》
>
> ④秋雨桑麻地，春风桃李天。
>
> ——《发东阿》
>
> ⑤万里飘零两鬓蓬，故乡秋色老梧桐。
>
> ——《重阳》

我用残损的手掌

戴望舒

我用残损的手掌
摸索这广大的土地：
这一角已变成灰烬，
那一角只是血和泥；
这一片湖该是我的家乡，
（春天，堤上繁花如锦幛，
嫩柳枝折断有奇异的芬芳，）
我触到荇藻① 和水的微凉；

这长白山的雪峰冷到彻骨，

这黄河的水夹泥沙在指间滑出；

江南的水田，你当年新生的禾草

是那么细，那么软……现在只有蓬蒿；

岭南的荔枝花寂寞地憔悴，

尽那边，我蘸着南海没有渔船的苦水……

无形的手掌掠过无限的江山，

手指沾了血和灰，手掌沾了阴暗，

只有那辽远的一角依然完整，

温暖，明朗，坚固而蓬勃生春。

在那上面，我用残损的手掌轻抚，

像恋人的柔发，婴孩手中乳。

我把全部的力量运在手掌

贴在上面，寄与爱和一切希望，

因为只有那里是太阳，是春，

将驱逐阴暗，带来苏生，

因为只有那里我们不像牲口一样活，

蝼蚁② 一样死……

那里，永恒的中国！

知识加油站

◎ **重点字词**

① 荇藻：荇菜水藻，水生草本植物，多浮在水面或生于水中。

② 蝼蚁：蝼蛄和蚂蚁，用来代表微小的生物，比喻力量薄弱或地位低微的人。

◎ **诵读点拨**

全诗荡气回肠、情感起伏波动，前半部分要着重读出深沉、低落的情感，后半部分要着重读出高亢、激动的情感。全诗语言口语化，押韵灵活复杂，读起来有一种沉郁顿挫的音乐感。

助记导图

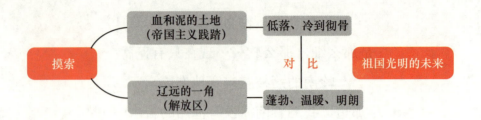

作品档案

戴望舒（1905—1950年），名承，字朝安，浙江杭州人。1941年，日军占领中国香港地区后戴望舒被捕入狱，但决不屈服，因此受伤致残，表现出了高尚的民族气节。其早年诗歌多写个人孤寂的心境，感伤气息较浓，因受象征派影响，意象朦胧、含蓄；后期诗歌表现了热烈爱国和憎恶侵略者的强烈情感。

《我用残损的手掌》写于1942年，是戴望舒在侵略者的铁窗下为祖国"歌唱"的颂歌。

情境默写

在那辽远的一角，被我寄予爱和希望的句子是"_____！"

知识小链接

戴望舒经典诗句（一）

①说是辽远的海的相思，说是寂寞的秋的清愁。

——《烦忧》

②梦是会开出花来的，梦是会开出娇艳的花来的，去求无价的珍宝吧。

——《寻梦者》

③我静观我鬓丝的零落，于是我迎来你所装点的秋。

——《霜花》

④在雨的哀曲里，消了她的颜色，散了她的芬芳，消散了，甚至她的太息般的眼光，丁香般的惆怅。

——《雨巷》

离别（节选）

郑振铎

别了，我爱的中国，我全心爱着的中国！当我倚在高高的船栏上，见着船渐渐地离岸了，船与岸间的水面渐渐地阔了，见着了许多亲友挥着白巾，挥着帽子，挥着手，说着"再见，再见！"听着鞭炮劈劈拍拍的响着，水兵们高呼着向岸上的同伴告别时，我的眼眶是润湿了，我自知我的泪点已经滴在眼镜面了，镜面是模糊了，我有一种说不出的感动！

船慢慢地向前驶着，沿途见了停着的好几只灰色的白色的军舰。不，那不是悬着我们国旗的，它们的旗帜是"红日"，是"蓝白红"，是"红蓝条交叉着"的联合旗，是有"星点红条"的旗！

两岸是黄土和青草，再过去是两条的青痕，再过去是地平上的几座小岛山，海水满盈盈的，照在夕阳之下，浪涛如顽皮的小童似的跳跃不定。水面上现出一片的金光。

别了，我爱的中国，我全心爱着的中国！

我不忍离了中国而去，更不忍在这大时代中放弃每人应做的工作而去，抛弃了许多亲爱的勇士们在后面，他们是正用他们的血建造着新的中国，正在以纯挚的热诚，争斗着，奋击着。我这样不负责任地离开了中国，我真是一个罪人！

然而我终将在这大时代中工作着的，我终将为中国而努力，而呈献了我的身，我的心；我别了中国，为的是求更好的经验，求更好的奋斗的工具。暂别了，

暂别了，在各方面争斗着的勇士们，我不久即将以更勇猛的力量加入你们当中了。

当我归来时，我希望这些悬着"红日"的，"蓝白红"的，有"星点红条"的，"红蓝条交叉着"的一切旗帜的白色灰色的军舰都已不见了，代替它们的是我们的可喜爱的悬着我们的旗帜的伟大的舰队。

如果它们那时还没有退去中国海，还没有为我们所消灭，那么，来，勇士们，我将加入你们的队中，以更勇猛的力量，去压迫它们，去毁灭它们！

这是我的誓言！

别了，我爱的中国，我全心爱着的中国！

知识加油站

◎ 诵读点拨

全文感情浓烈，字里行间饱含作者对祖国的热爱，尤其强调了自己要为祖国的解放和富强而献身的思想感情。"不忍""更不忍""抛弃"等相关语句要读出压抑、痛苦、内疚的情感；反复呼喊"别了，我爱的中国，我全心爱着的中国！"。文章如泣如诉，因此要读出无限的深情。

助记导图

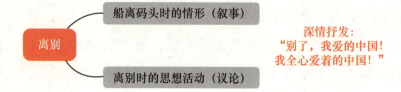

作品档案

郑振铎（1898—1958年），字西谛，笔名有郭源新、落雪等，出生于浙江温州，原籍福建长乐。现代爱国作家、诗人、学者。著有散文集《海燕》《山中杂记》，小说集《桂公塘》，译注《飞鸟集》《新月集》。其作品质朴博识，清新明净。

《离别》写于1927年。当时的中国正被帝国主义列强侵略、国民党反动派与帝国主义相互勾结，大肆屠杀革命者。郑振铎为了避开国民党反动派的压迫、保存斗争力量，不得不暂时离开祖国前往西欧。当时郑振铎心中非常矛盾，在临别之际写下了这首感人肺腑的《离别》。

情境默写

作者深情地反复表达赤子之心的句子是"_____！"

知识小链接

名家对郑振铎的评价

　　他对于书籍的热爱，尤其中年时代，对文献的搜罗、保护，费尽心力，那是非常之令人感动的。他自己在《劫中得书记新序》（一九五六年版本）也曾经说："我曾经想到两块图章，一块是'狂胪文献耗中年'，一块是'不薄今人爱古人'。虽然不曾刻成，实际上，我的确是，对于古人、今人的著作，凡稍有可取，或可用的，都是兼收博爱的。而在我的中年时代，对于文献的确是十分热衷于搜罗、保护的。有时，常常做些'举鼎绝脰'的事。虽力所不及，也奋起为之。究竟存十一于千百，未必全无补。""狂胪文献耗中年"出自龚自珍诗。从序言中，可见他搜罗文献的苦心。

——梁羽生

　　有一件事我永远忘不了，同他在一起，或者吵架或者谈过去的感情，他从不为自己……为了"抢救"宝贵的图书，他宁愿过艰苦的生活，甚至拿生命冒险……他为我们民族保存了多少财富！

——巴金

少年中国说（节选）

清 / 梁启超

故今日之责任，不在他人，而全在我少年。少年智则国智，少年富则国富；少年强则国强，少年独立则国独立；少年自由则国自由，少年进步则国进步；少年胜于欧洲，则国胜于欧洲，少年雄于地球，则国雄于地球。红日初升，其道大光。河出伏流，一泻汪洋。潜龙腾渊，鳞爪飞扬。乳虎啸谷，百兽震惶。鹰隼试翼，风尘翕张。奇花初胎，矞矞①皇皇。干将发硎②，有作其芒。天戴其苍，地履其黄。纵有千古，横有八荒。前途似海，来日方长。美哉我少年中国，与天不老！壮哉我中国少年，与国无疆！

知识加油站

◎ **重点字词**

① 矞矞（yù yù）：象征祥瑞的彩云。与"皇皇"连用，表现繁荣昌盛、富丽堂皇、色彩艳丽、恢弘大气之意。

② 硎（xíng）：磨刀石。

◎ **诵读点拨**

句式押韵，韵律多四字为一句；节奏铿锵有力，朗朗上口。

助记导图

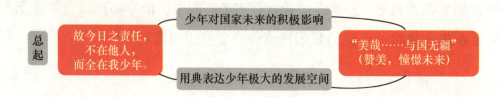

作品档案

梁启超（1873—1929年），字卓如，号任公、饮冰室主人。清朝光绪年间举人，中国近代思想家、政治家、教育家，戊戌变法（又名"百日维新"）领袖之一，中国近代维新派代表人物。戊戌变法运动失败后，他流亡日本创办《清议报》，大力介绍西方近代资产阶级政治学说。

《少年中国说》就是当时发表在《清议报》上的一篇著名文章。此文影响颇大，被公认为梁启超著作中思想意义最积极，感情色彩最激越的篇章；梁启超本人也把它视为自己"开文章之新体，激民气之暗潮"的代表作。

情境默写

①作者描述心目中的祖国的句子是"＿＿＿＿＿＿＿＿＿＿＿＿＿＿＿＿＿＿＿
＿＿＿＿＿＿＿＿＿＿＿＿＿＿＿＿＿＿＿＿＿＿＿＿＿＿＿＿＿＿＿＿＿＿＿＿"。

②作者连续用典为少年指点迷津，告诉他们未来具有广阔发展空间的句子是
"＿＿＿＿＿＿＿＿＿＿＿＿＿＿＿＿＿＿＿＿＿＿＿＿＿＿＿＿＿＿＿＿＿＿"。

③作者表达对祖国和民族未来美好憧憬的句子是"＿＿＿＿＿＿＿＿＿＿＿＿＿
＿＿＿＿＿＿＿＿＿＿＿＿＿＿＿＿＿＿＿＿＿＿＿＿＿＿＿＿＿＿＿＿＿＿！"

知识小链接

梁启超经典名言

①患难困苦，是磨炼人格之最高学校。

②心口如一，犹不失为光明磊落丈夫之行也。

③自信与骄傲有异；自信者常沉着，而骄傲者常浮扬。

④法者，天下之公器也；变者，天下之公理也。

⑤男儿志兮天下事，但有进兮不有止，言志已酬便无志。

二、卫国

秦风·无衣

《诗经》

岂曰无衣？与子同袍①。王于兴师②，修我戈矛，与子同仇！
岂曰无衣？与子同泽。王于兴师，修我矛戟，与子偕作！
岂曰无衣？与子同裳。王于兴师，修我甲兵，与子偕行！

知识加油站

◎重点字词

① 袍：长衣。现代的称法是"披风""斗篷"。古时行军的人，白天将袍作为衣服，夜间将袍作为被子。"同袍"表达友好、友爱之意。

② 兴师：出兵。秦国常常与西戎交兵。秦穆公攻打戎族，开疆辟土足足有千里之阔。当时戎族是周朝的敌人，和戎人打仗也就是为周王而征伐，秦国攻打戎族必然打起"王命"的旗号。

◎诵读点拨

整首战歌的基调是激昂、雄壮的。当句子是疑问或反问语气时，读成升调；当句子是肯定语气时，读成降调。"修我戈矛""修我矛戟""修我甲兵"表明军情紧急，需要快读。

助记导图

| 岂曰无衣？ | 与子……。 | 王于兴师， | 修我……。 | 与子……！ |

作品档案

《秦风·无衣》是一首爱国诗歌，表现将士们团结一致、同仇敌忾的战斗意志。公元前771年，周幽王骄奢淫逸、统治集团内讧不断、朝廷腐败黑暗，造成国弱兵残的现象。周幽王的岳父申侯趁机勾结戎族攻入国都，攻陷周朝的大半疆土。秦地人民保家卫国，纷纷参战，以"王于兴师"为号召，一鼓作气击退敌军的侵扰。《无衣》就是在这样的背景下创作的。

情境默写

①诗中表现将士们愿意同甘共苦、克服困难的句子是"＿＿＿＿＿＿＿＿＿＿＿＿＿＿＿＿＿＿＿＿＿＿＿＿＿＿＿＿＿＿＿"。

②诗中表现将士们整顿兵器、齐心备战的句子是"＿＿＿＿＿＿＿＿＿＿＿＿＿＿＿＿＿＿＿＿＿＿＿＿＿＿＿＿＿＿＿"。

③诗中表现将士们同仇敌忾、无所畏惧的句子是"＿＿＿＿＿＿＿＿＿＿＿＿＿＿＿＿＿＿＿＿＿＿＿＿＿＿＿＿＿＿＿"。

知识小链接

《诗经》艺术手法之"重章叠唱"

在《诗经》的众多艺术表现手法中，"重章叠唱"是比较重要且突出的一种。所谓"重章叠唱"，就是每章（节）的行数和内容基本相同，只是在不同章（节）的同一位置换用意思相同或相近的词语（语句）的一种表现手法。运用"重章叠唱"艺术手法一唱三叹，不仅节奏鲜明，具有强烈的音乐感和节奏感，而且能增强气势，表现人物回环往复的强烈情感，极具感染力。如《秦风·蒹葭》《小雅·采薇》《周南·桃夭》等，都运用了"重章叠唱"的艺术手法。

晨读时光

从军行七首·其四

唐 / 王昌龄

青海长云①暗雪山，孤城遥望玉门关②。
黄沙百战穿金甲，不破楼兰终不还。

知识加油站

◎ **重点字词**

① 长云：层层浓云。
② 玉门关：汉置边关名，在今甘肃敦煌西。

◎ **诵读点拨**

全诗表现了戍边将士的豪情壮志，要读出高昂、豪迈之感。

助记导图

作品档案

王昌龄（698—757年），字少伯，河东晋阳（今山西太原）人。盛唐著名边塞诗人，有"七绝圣手""诗家夫子王江宁"的美誉。组诗《从军行七首》的第四首主要表现战士们为保卫祖国矢志不渝的崇高精神。

情境默写

① 描写戍边将士艰苦、孤寂的生活的句子是"＿＿＿＿＿＿＿＿＿＿＿＿，

_____"。

②高度概括边地荒凉、条件恶劣、时间漫长、战事频繁的句子是"_____,_____"。

③表现身经百战的将士们豪迈气概的句子是"_____"。

> **知识小链接**
>
> ### 边塞诗
>
> 边塞,是指边疆地区的要塞,如玉门关、阳关。古人以长城为界,长城以内称中原地区,长城以外(相当于今甘肃省、内蒙古自治区一带)称塞外或塞北。边塞诗,主要描写边疆地区将士生活和塞外风光,表达思乡怀亲,抒发保家卫国、建功立业等伟大抱负的诗歌。唐代边塞诗成就最为突出:仅《全唐诗》一书中就存有边塞诗2 000多首;且唐代文人中涌现出一批写边塞诗的大师级人物,如岑参、高适、王昌龄、王之涣、卢纶、李益。

东北抗日联军第一路军军歌

杨靖宇

我们是东北抗日联合军,
创造出联合军的第一路军,
乒乓的冲锋陷阵缴械声,
那就是革命胜利的铁证。

正确的革命信条应遵守,
官兵和士兵待遇都是平等,

铁一般的军纪风纪都要服从，
锻炼成无敌的铁军。

一切的抗日民众快奋起，
中韩人民团结紧，
夺回来丢失的我国土，
结束了牛马亡国奴的生活。

英勇的同志们前进吧，
打出去日本强盗，推翻"满洲国"，
进行民族革命正义的战争，
完成那民族解放运动。

高悬在我们的天空中，
普照着胜利军旗的红光，
冲锋呀，我们的第一路军！
冲锋呀，我们的第一路军！

知识加油站

◎ 诵读点拨

全诗感情基调汹涌澎湃、昂扬奋进、气势磅礴，朗读时要用铿锵有力、坚定不移的语气。

助记导图

作品档案

杨靖宇（1905—1940年），出生于河南确山，原名马尚德，字骥生。中国共产党优秀党员、军事家、抗日民族英雄、东北抗日联军主要创建者与领导人之一，率领军民与日军血战于白山黑水之间。在冰天雪地、弹尽粮绝的情况下，杨靖宇孤身一人与日军周旋几昼夜后壮烈牺牲。

1938年，东北抗日联军正式成立第一路军总司令部当晚，杨靖宇豪情万丈，提笔创作了《东北抗日联军第一路军军歌》，并亲自向部队教唱。他豪壮的歌声，展示了东北抗日联军战士英勇不屈的斗争精神和豪迈的英雄气概。

情境默写

文中最能体现战士们英勇无畏的句子是"_____"。

知识小链接

东北抗日联军

东北抗日联军是中国东北地区的抗日武装力量。在成立联军前，这股武装力量由东北抗日义勇军余部、东北反日游击队和东北人民革命军组成。

1936年2月，中国共产党满洲省委员会依共产国际的指令，将所属部队联合地方义勇军筹建东北抗日联军。由于日军的围剿，从1940年开始，东北抗日联军活动范围急剧缩小、人员大量减少，抗联一部进入远东地区，留在国内的部队分散潜伏，开展收集情报、建立武装、宣传抗日等工作。东北抗日联军为后来的抗日战争胜利立下了赫赫功劳。

谁是最可爱的人（节选）

魏巍

谁是我们最可爱的人呢？我们的部队、我们的战士，我感觉他们是最可爱的人。

让我还是来说一段故事吧。

还是在二次战役的时候，有一支志愿军的部队向敌后猛插，去切断军隅① 里敌人的逃路。当他们赶到书堂站时，逃敌也恰恰赶到那里，眼看就要从汽车路上开过去。这支部队的先头连（三连）就匆匆占领了汽车路边一个很低的光光的小山岗，阻住敌人，一场壮烈的搏斗就开始了。敌人为了逃命，用三十二架飞机、十多辆坦克和集团冲锋向这个连的阵地汹涌卷来。整个山顶都被打翻了。汽油弹的火焰把这个阵地烧红了。但勇士们在这烟与火的山岗上，高喊着口号，一次又一次把敌人打死在阵地前面。敌人的死尸像谷子似的在山前堆满了，血也把这山岗流红了。可是敌人还是要拼死争夺，好使自己的主力不致覆灭②。这场激战整整持续了八个小时，最后，勇士们的子弹打光了。蜂拥上来的敌人，占领了山头，把他们压到山脚。飞机掷下的汽油弹，把他们的身上烧着了火。这时候，勇士们是仍然不会后退的呀，他们把枪一摔，身上、帽子上冒着呜呜的火苗向敌人扑去，把敌人抱住，让身上的火，把要占领阵地的敌人烧死。……据这个营的营长告诉我，战后，这个连的阵地上，枪支完全摔碎了，机枪零件扔得满山都是。烈士们的尸体，保留着各种各样的姿势，有抱住敌人腰的，有抱住敌人头的，有掐住敌人脖子把敌人捺倒③ 在地上的，和敌人倒在一起，烧在一起。有一个战士，他手里还紧握着一个手榴弹，弹体上沾满脑浆，和他死在一起的美国鬼子，脑浆迸裂，涂了一地。另一个战士，嘴里还衔着敌人的半块耳朵。在掩埋烈士们遗体的时候，由于他们两手扣着，把敌人抱得那样紧，分都分不开，以致把有些人的手指都折断了。……这个连虽然伤亡很大，他们却打死了三百多敌人，更重要的是，他们使得我们部队的主力赶上来，聚歼了敌人。

这就是朝鲜战场上一次最壮烈的战斗——松骨峰战斗，或者叫书堂站战斗。假若需要立纪念碑的话，让我把带火扑敌和用刺刀跟敌人拼死在一起的烈士们的名字记下吧。……让我们的烈士们千载万世永垂不朽吧！

朋友，当你听到这段英雄事迹的时候，你的感想如何呢？你不觉得我们的战士是可爱的吗？你不以我们的祖国有着这样的英雄而自豪吗？

知识加油站

◎ **重点字词**

① 隘：山势弯曲险阻的地方。

② 覆灭：全部被消灭。

③ 捺倒：按倒，压倒。

◎ **诵读点拨**

书写战争场面的段落，要使用惨烈、悲壮、激愤的语气，最后一段要读出自豪感。

助记导图

作品档案

魏巍（1920—2008年），生于河南郑州，本名魏鸿杰，笔名魏巍、红杨树，中国当代作家、诗人。著有长诗《黎明的风景》，中篇小说《长空怒风》，长篇小说《东方》。

抗美援朝期间，魏巍曾两次到朝鲜前线，深入部队生活，感受到中国人民志愿军战士是最可爱的人。回国后，他提炼了三个典型事例（松骨峰战斗表现"英雄主义"、火中救小孩表现"国际主义"、防空洞谈话表现"爱国主义"），取了《谁是最可爱的人》这一醒目而又引人深思的题目，热情地讴歌了这场意义深远的斗争。本文节选了第一个事例——松骨峰战斗。

情境默写

文中最能表现战斗激烈、战士们英勇无畏的句子是"＿＿＿＿＿＿＿＿＿＿＿＿＿＿＿＿＿＿＿＿＿＿＿＿＿＿＿＿＿＿＿＿＿＿"。

知识小链接

抗美援朝

在美苏冷战格局下，朝鲜半岛沦为美苏争霸的战场之一。以北纬38度为界，南方是美军接管的地区（今韩国），北方是苏军接管的地区（今朝鲜）。起初，双方只是在三八线附近有摩擦，而后在美苏的极力推动下，于1950年朝鲜战争爆发。美国虽然表面说为了援助韩国政府，但实际上打算威胁中国领土。于是，中国派兵援助朝鲜，协助朝鲜成功击退美军及联合国军队，也成功捍卫了中国的领土安全。

三元里平夷录（节选）

道光二十一年四月初五日辰刻，夷船①由泥城直进瞾步登岸，一路逐队而行，由西村后首胜塘至北门外流花桥，连放火箭，直射北门外方、圆两炮台，而守台军士，发炮数口，各自弃甲投戈，望风而走②，炮台悉为逆据。

十一日，乡民仍鸣锣传递，富者捐资，贫者出力，备乃器械，持乃糇③粮，响应风从，不谋而合者，遥遥百有余里，聚至百有余乡。将方、圆两炮台，四面围住，各处设伏，奋呼攻打，昼夜不息。逆夷各狐凭鼠伏④，潜避两炮台中，不敢出入。

十二日，逆夷义律极目远望，见遍地旌旗炫耀，刀戟纵横，乡民蚁拥蜂攒⑤，布满山麓，约有十余万众。逆夷更觉胆落心寒，亟请广州府余暨南、番二县代求解免，情愿即刻撤兵下船，不敢复行滋扰。

知识加油站

◎ **重点字词**

① 夷船：指英侵略军的兵船。

② 望风而走：远远望到敌人就逃跑了，形容十分怯敌。

③ 糗（qiǔ）：干粮。

④ 狐凭鼠伏：像狐狸和耗子一样蹲在洞里（不敢出来）。狐、鼠：都是名词作状语。

⑤ 蚁拥蜂攒（cuán）：形容人多。蚁、蜂：均为名词作状语。拥：簇拥，聚集。攒：攒聚。

◎ **诵读点拨**

全文以三元里抗英为背景，感情基调悲壮。第一段，炮台被英军占据，朗诵语气应低沉、悲伤。后两段经过奋勇抗争，夺回炮台，朗诵语气应逐渐高昂、激情澎湃。

助记导图

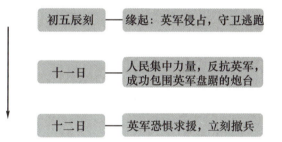

作品档案

《广东军务记》收录在中国史学会主编的中国近代史资料丛刊《鸦片战争》第三册，作者不详。全书主要站在爱国主义的立场上，愤怒地揭发了英国侵略军在广州一带所犯下的种种罪行。在清政府的纵容下，英国侵略军在广州一带横行霸道，无恶不作。三元里人民同仇敌忾，高举义旗给侵略者以沉重打击，取得了伟大的胜利，充分表现了中国人民顽强的反抗精神。《三元里平夷录》就是基于这样的背景撰写而成的。

情境默写

文中描述方圆数百里的人民敲锣传令，捐钱出力，集中力量前去反抗英军的句子是"＿＿＿"。

知识小链接

诗评三元里抗英

1841年，清代诗人张维屏的叙事诗《三元里》，描绘了三元里人民挫败侵略者的壮烈场景，展现了万众一心、同仇敌忾、保护家园的战斗豪情，被称为"最具有灿烂不朽光辉的英雄史诗"。以下为《三元里》节选：

不解何由巨网开，枯鱼竟得攸然逝。
魏绛和戎且解忧，风人慷慨赋同仇。

蜀相

唐／杜甫

丞相祠堂何处寻？锦官城外柏森森①。
映阶碧草自春色，隔叶黄鹂空好音。
三顾频烦②天下计，两朝开济③老臣心。
出师未捷身先死，长使英雄泪满襟。

知识加油站

◎ **重点字词**

① 森森：茂盛繁密的样子。

② 频烦：犹"频繁"，多次。

③ 济：扶助。

◎ **诵读点拨**

全诗的感情基调是悲凉、伤感的，语速宜缓慢、低沉。"天下计""老臣心""身先死""泪满襟"要重读；"三顾频烦天下计，两朝开济老臣心"要用略带赞颂的语气；"出师未捷身先死，长使英雄泪满襟"两句要读得稍快，略带悲伤、惋惜的语气。

助记导图

作品档案

杜甫（712—770年），生于河南巩县（今河南巩义），字子美，自号少陵野老，唐代现实主义诗人。人称"诗圣"，与李白合称"李杜"。他虽然才华横溢，却不受重用，在唐朝由盛转衰的时期颠沛流离，因此非常了解百姓疾苦。

《蜀相》创作于唐肃宗上元元年（760年），这时正值安史之乱时期。杜甫流落蜀地，困厄穷途，国家的形势令他忧心忡忡，苦闷彷徨，只能在诗中歌颂才智过人的诸葛亮，借惋惜他的壮志未酬来寄托自己深沉而伤感的情思。

情境默写

诗中表达对诸葛亮的仰慕、叹惋之情，自己壮志未酬的苦痛的句子是"_____，_____"。

> **知识小链接**

杜甫经典诗句（一）

① 安得广厦千万间，大庇天下寒士俱欢颜！

——《茅屋为秋风所破歌》

② 冠盖满京华，斯人独憔悴。

——《梦李白》

③ 射人先射马，擒贼先擒王。

——《前出塞》

④ 笔落惊风雨，诗成泣鬼神。

——《寄李十二白二十韵》

⑤ 为人性僻耽佳句，语不惊人死不休。

——《江上值水如海势聊短述》

狱中题壁

谭嗣同

望门投止①思张俭，忍死须臾②待杜根。

我自横刀③向天笑，去留肝胆两昆仑。

> **知识加油站**

◎ **重点字词**

① 投止：投宿。

② 须臾：不长的时间。

③ 横刀：屠刀，此处指就义。

◎诵读点拨

前两句运用典故写实，要读出思念、期待之感。后两句抒发视死如归的情怀，要读出大义凛然、无所畏惧的语气。

助记导图

作品档案

谭嗣同（1865—1898年），字复生、号壮飞，湖南浏阳县（今湖南浏阳）人，中国近代著名政治家、思想家，维新派代表之一。他早年曾在家乡办学堂、刊物，又倡导开矿山、修铁路，宣传维新变法，推行新政。著有维新派的第一部哲学著作《仁学》。1898年，谭嗣同领导戊戌变法，失败后被杀，年仅33岁。《狱中题壁》是谭嗣同不幸被捕后在狱中所作。

情境默写

作者表达自己视死如归，愿以身证道的句子是"_____，_____"。

知识小链接

谭嗣同英勇就义

谭嗣同在《狱中题壁》中提及的张俭、杜根，均因揭发朝中权贵，上书要求太后归权于皇帝而遭受迫害。他们吃尽苦头，死后也都留下了好名声。谭嗣同自比张、杜二人，问心无愧。

1898年9月28日，谭嗣同、刘光第、康广仁、林旭、杨深秀、杨

锐（史称"戊戌六君子"）在北京宣武门外菜市口刑场英勇就义。在他们被杀时，观刑者上万。面对腐朽的清政府的铡刀，谭嗣同神色不变，临终时还大呼："有心杀贼，无力回天，死得其所，快哉快哉！"

当我死时

余光中

当我死时，葬我，在长江与黄河之间
枕我的头颅，白发盖着黑土
在中国，最美最母亲的国度
我便坦然睡去，睡整张大陆
听两侧，安魂曲起自长江，黄河
两管永生的音乐，滔滔，朝东
这是最纵容最宽阔的床
让一颗心满足地睡去，满足地想
从前，一个中国的青年曾经
在冰冻的密西根向西瞭望
想望透黑夜看中国的黎明
用十七年未餍中国的眼睛
饕餮地图，从西湖到太湖
到多鹧鸪的重庆，代替回乡

知识加油站

◎诵读点拨

全诗的感情深挚、悠长、舒缓。"从前，一个中国的青年曾经／在冰冻的密西根向西瞭望/想望透黑夜看中国的黎明"部分既要读出痛苦又要读出满怀渴望之感，思乡即思国。

助记导图

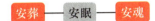

作品档案

余光中（1928—2017年），当代著名作家、诗人、学者，出生于江苏南京。因母亲原籍为江苏，故自称"江南人"。1949年随父母迁居我国台湾地区，一生从事诗歌、散文、评论等的写作工作，被誉为文坛的"璀璨五彩笔"。著有诗歌《乡愁》，诗集《舟子的悲歌》，散文《听听那冷雨》等。

余光中随父母迁居到我国台湾地区的那一年中华人民共和国成立、国民党败退台湾地区，两岸分裂。他深恐自己有生之年不能再回到故乡。1966年的一个寒夜，余光中临窗西望，极度思念祖国大陆，并想到了人生大限，希望自己死后葬身在祖国大陆的土地中，于是提笔写下诗歌《当我死时》。

情境默写

① 作者想象自己死时，在最纵容最宽阔的床上满足地睡去的句子是"＿＿＿＿＿＿＿＿＿＿＿＿＿＿＿＿＿＿＿＿＿＿"。

② 作者描述自己贪婪地在地图上看着祖国大陆、想念着祖国大陆，却不能回去的痛苦的句子是"＿＿＿＿＿＿＿＿＿＿＿＿＿＿＿＿＿＿＿"。

> 知识小链接
>
> ### 修辞手法：通感
>
> 通感，又称"移觉"。在描述客观事物时，用形象的语言将人的听觉、视觉、嗅觉、味觉、触觉等不同感觉相互沟通，将原本表示甲感觉

的词语移用于表示乙感觉的一种修辞手法。

《当我死时》中"用十七年未餍中国的眼睛／饕餮地图","饕餮"是传说中的一种凶恶贪吃的野兽,后比喻贪吃的人,这里作动词;而看地图属于视觉。用原本表示味觉的词语移用于表示视觉,把无形的思乡之情化为可视的地图代替回乡,表达渴望回乡的情感。

回到祖国的怀抱(节选)

季羡林

船非常小,大概还不到一千吨,设备简陋到令人吃惊的程度。乘船回国留学生中又添加了几个新面孔,因此我们更不寂寞了。此外还有几百个中国旅客挤在这一条小船上,根本谈不到什么铺位。在其他船上,统舱算是最低一级的。在这条船上,统舱之下还有甲板一级。到处都是包裹,有的整齐,有的凌乱,有的包裹里还飘出了咸鱼的臭味。到处都是人,每个人只能有容身之地。霸道者抢占地盘,有人出钱,就能得到。因此讨价还价之声,争吵喧哗之声,洋洋乎盈耳。好多人都抽烟,统舱里烟雾迷腾。这种烟雾,再混乱上人声,形成了一团乌烟瘴气①的大合唱。小船破浪前进所激起的海涛声,同这大合唱,简直像小巫见大巫,有时候连听都听不见了。

我是一个俗人,心中没有上帝。我不想躺在那里,一动不动。我要活动,我要吃要喝,我还要想。在这时候,祖国就在我前面,我想了很多很多。将近十一年的异域流离的生活就要结束了。这十一年的经历现在一幕一幕地又重新展现在我的眼前,千头万绪一时都上心头。我多么希望向祖国母亲倾诉一番呀!但是,我能说些什么呢?十一年前,少不更事②,怀着一腔热情,毅然去国,一是为了救国,二是为了镀金。原定只有两年,咬一咬牙就能够挺过来的。但是,我生不逢时,战火连绵,两年一下子变成了十一年。其间所遭遇的苦难与艰辛,挫折与委曲,现在连回想都不愿意回想。试想一想,天天空着肚子,死神时时威胁着自己;英美的飞机无时不在头顶上盘旋,死神的降临只在分秒之间。遭万劫而幸免,实九死而一生。在长达几年的时间内,家中一点信息都没有。亲老,妻少,子幼。在故乡的黄土堆里躺着我的母亲。她如有灵,怎能不为爱子担心!所有这一切心灵感情上的磨难,我多么盼望有一天向我的祖国母亲倾诉一番。现在祖国就在眼前,倾诉的时间来到了。然而我能倾诉些什么呢?

我在日记中写道:

上海,这真是中国地方了。自己去国十一年,以前自己还想象再见祖国时的心情。现在真正地见了,但觉得异常陌生,一点温热的感觉都没有。难道是自己变了么?还是祖国变了呢?

我怀着矛盾的心情踏上了祖国的土地,心里面喜怒哀乐,像是倒了酱缸一样,不知道是什么滋味。

十年一觉欧洲梦,

赢得万斛③别离情。

祖国母亲呀!不管怎样,我这个海外游子又回来了。

知识加油站

◎ **重点字词**

① 乌烟瘴气:比喻空气污浊、秩序混乱或社会黑暗、风气不正。

② 少不更事:年纪轻,经历的事情不多。暗示经验不足。

③ 万斛(hú):形容容量之多。古代以十斗为一斛,南宋末年改五斗为一斛。

◎ **诵读点拨**

全文的感情基调是热烈、激动的,也含有一丝复杂的情感,朗读时要语速稍促,语气上扬,但是,描写船舱的段落要读出几分无奈之感。

助记导图

上船前的背景交代 —— 在船上的见闻与心情 —— 回归祖国,抒发感慨

作品档案

季羡林（1911—2009年），山东聊城人，字希逋、齐奘。他是著名语言学家、国学家、教育家和社会活动家，与饶宗颐并称为"南饶北季"。著有学术专著《中印文化关系史论丛》《禅与东方文化》，散文随笔《清塘荷韵》等。他为人平和淡然，在北大担任教授时深受学生喜爱。

1935—1945年，季羡林在哥廷根待了整整十年。1945年秋天，他前往瑞士，等待机会回国。几个月后，于1946年春夏之交，经过法国马塞和越南西贡，几经辗转，季羡林终于回到祖国的怀抱。《回到祖国的怀抱》就是记录当时艰难回国历程的作品。

情境默写

作者在文中写回到祖国后，恍如隔世和对祖国深情的句子是"＿＿＿＿＿＿＿＿＿＿，＿＿＿＿＿＿＿＿＿＿＿＿＿＿＿＿＿＿"。

知识小链接

季羡林人生格言

① 要说真话，不讲假话。假话全不讲，真话不全讲。

② 我快一百岁了，活这么久值得。因为尽管国家有这样那样不可避免的问题，但现在总的是人和政通、海晏河清。

③ 就是不一定把所有的话都说出来，但说出来的话一定是真话。

④ 对待一切善良的人，不管是家属，还是朋友，都应该有一个两字箴言：一曰真，二曰忍。

记念刘和珍君（节选）

鲁迅

真的猛士，敢于直面惨淡的人生，敢于正视淋漓的鲜血。这是怎样的哀痛者和幸福者？然而造化又常常为庸人设计，以时间的流逝，来洗涤旧迹，仅使留下淡红的血色和微漠的悲哀。在这淡红的血色和微漠的悲哀中，又给人暂得偷生，维持着这似人非人的世界。我不知道这样的世界何时是一个尽头！

惨象，已使我目不忍视了；流言，尤使我耳不忍闻。我还有什么话可说呢？我懂得衰亡民族之所以默无声息的缘由了。沉默呵，沉默呵！不在沉默中爆发，就在沉默中灭亡。

知识加油站

◎诵读点拨

全文的感情基调是沉痛、愤慨的，要读出悲伤的语气。

助记导图

作品档案

鲁迅（1881—1936年），著有小说集《呐喊》，杂文集《华盖集》《且介亭杂文》等。刘和珍是北京学生运动领袖之一，1926年，他在带领同学们向反动军阀示威时遇害，年仅22岁。《记念刘和珍君》是鲁迅先生在参加完刘和

晨读时光

珍的追悼会后，怀着沉痛、愤慨的心情写下的一篇悼念性文章。通过赞扬刘和珍等爱国青年不畏强权、不怕牺牲、英勇斗争的精神，揭露了反动军阀的凶残卑劣、阴险无耻，同时激励革命者继续战斗。

情境默写

① 作者对"真正的猛士"的论断句是"＿＿＿＿＿＿＿＿＿＿＿＿＿＿＿＿＿＿＿＿＿＿＿＿＿＿＿＿＿＿＿＿＿＿＿＿＿＿＿"。

② 刘和珍君等进步学生被残忍杀害，作者的感受是"＿＿＿＿＿＿＿＿＿＿＿＿＿＿＿＿＿＿＿＿＿＿＿＿＿＿＿＿＿＿＿＿＿＿＿＿＿＿＿"。

③ 作者清醒而犀利地指出整个中华民族在不同抉择下可能面对的结局，同时追忆刘和珍君的句子是"＿＿＿＿＿＿＿＿＿＿＿＿＿＿＿＿＿＿＿＿＿＿＿＿＿＿＿＿＿＿＿＿＿＿＿＿＿＿＿"。

知识小链接

鲁迅经典名言

① 其实地上本没有路，走的人多了，也便成了路。

——《故乡》

② 横眉冷对千夫指，俯首甘为孺子牛。

——《自嘲》

③ 时间就像海绵里的水，只要愿挤，总还是有的。

——《鲁迅全集》

④ 寄意寒星荃不察，我以我血荐轩辕。

——《自题小像》

⑤ 无情未必真豪杰，怜子如何不丈夫。

——《答客诮》

如画江山竞多娇　第二单元

单元导读

"江山如此多娇,引无数英雄竞折腰。"东至黑瞎子岛,西连帕米尔高原,北及漠河,南达曾母暗沙,在祖国广袤的土地上,高山大川纵横交错,名胜古迹星罗棋布,草原荒漠无边无际,湖泊海洋气象万千。古往今来,多少英雄豪杰为之奋斗、为之牺牲,多少文人墨客为之沉醉、为之咏叹!

"黄河之水天上来,奔流到海不复回""水光潋滟晴方好,山色空蒙雨亦奇""江流天地外,山色有无中""气蒸云梦泽,波撼岳阳城"……吟诵这些讴歌祖国壮丽山河的诗句,阅读那些描述祖国名胜古迹的美文,我们惊叹,我们陶醉,我们自豪!我们将追寻前辈的足迹,汲取先贤的思想,将那些感动和激情转化成奋斗的力量,创造出无愧于祖国、无愧于时代的伟业!

一、青山

终南山

唐 / 王维

太乙①近天都,连山接海隅。
白云回望合,青霭②入看无。
分野③中峰变,阴晴众壑殊。
欲投人处宿,隔水问樵夫。

知识加油站

◎ 重点字词

① 太乙:终南山别名。又名太一,秦岭之一峰。

② 青霭(ǎi):山中的岚气。霭:云气。

③ 分野:以天上星宿配地上州国称分野。古人以天上的二十八个星宿的位置来区分中国境内的地域,被称为分野。地上的每个区域都对应星空的某处分野。

◎ 诵读点拨

这是一首五言律诗。全诗八句,每句五个字,两个节拍。一、二、四、六、八句押韵,三四句、五六句对仗,诗句平仄和谐,极富韵律美。

助记导图

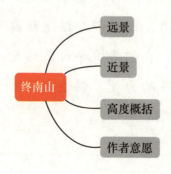

作品档案

王维（701—761年），唐代诗人，字摩诘，祖籍山西祁县，后迁至蒲州（今山西永济），遂为河东人。他官至尚书右丞，故亦称王右丞。他的诗与孟浩然齐名，并称"王孟"。他兼通音乐，工书画，存诗约四百首，著有《王右丞集》。

终南山，在长安南五十里①，秦岭主峰之一，古人又称秦岭山脉为终南山。秦岭绵延八百余里，是渭水和汉水的分水岭。

情境默写

① 诗中描写终南山远景，借用夸张手法勾画终南山总轮廓的句子是"_____，_____"。

② 诗中描写终南山近景，写烟云变灭，移步换形，极富含蕴的句子是"_____，_____"。

③ 诗中高度概括，写终南山尺幅万里的句子是"_____，_____"。

> ### 知识小链接
>
> **王维经典诗句（一）**
>
> ① 红豆生南国，春来发几枝？
>
> ——《相思》
>
> ② 独在异乡为异客，每逢佳节倍思亲。
>
> ——《九月九日忆山东兄弟》
>
> ③ 劝君更尽一杯酒，西出阳关无故人。
>
> ——《送元二使安西》

---

① 1里=500米。

晨读时光

④ 大漠孤烟直,长河落日圆。

——《使至塞上》

⑤ 明月松间照,清泉石上流。

——《山居秋暝》

梦游天姥吟留别

唐 / 李白

海客谈瀛洲①,烟涛微茫信难求;越人语天姥,云霞明灭或可睹。天姥连天向天横,势拔五岳掩赤城。天台四万八千丈,对此欲倒东南倾。我欲因之梦吴越,一夜飞度镜湖月。湖月照我影,送我至剡溪②。谢公宿处今尚在,渌水荡漾清猿啼。脚著谢公屐,身登青云梯。半壁见海日,空中闻天鸡。千岩万转路不定,迷花倚石忽已暝。熊咆龙吟殷岩泉,栗深林兮惊层巅。云青青兮欲雨,水澹澹兮生烟。列缺霹雳,丘峦崩摧。洞天石扉,訇然③中开。青冥浩荡不见底,日月照耀金银台。霓为衣兮风为马,云之君兮纷纷而来下。虎鼓瑟兮鸾回车,仙之人兮列如麻。

忽魂悸以魄动,恍惊起而长嗟。惟觉时之枕席,失向来之烟霞。世间行乐亦如此,古来万事东流水。别君去兮何时还?且放白鹿青崖间,须行即骑访名山。安能摧眉折腰事权贵,使我不得开心颜!

知识加油站

◎重点字词

① 瀛洲:古代传说中的东海三座仙山之一(另两座山名为蓬莱和方丈)。
② 剡(shàn)溪:水名,在浙江嵊州南面。
③ 訇(hōng)然:形容声音很大。

◎诵读点拨

这是一首七言古体诗。全诗句式以七言为主，交错运用四言、五言、六言，直至九言的句子，风、骚、骈、赋、散各体俱备，运用自如，变化多姿。这首诗的用韵也颇讲究，全诗所用十二韵，音韵平仄错落有致，表现了诗人感情的起伏变化。

助记导图

作品档案

李白（701—762年），字太白，号青莲居士，是屈原之后最具个性特色、最伟大的浪漫主义诗人。他有"诗仙"之美誉，与杜甫并称"李杜"，存世诗文千余篇，有《李太白集》传世。天姥山在浙江新昌东面。传说登山的人能听到仙人天姥唱歌的声音，山因此而得名。

情境默写

① 诗中描写天姥山耸立天外，直插云霄，巍巍然非同一般的句子是"＿＿＿＿＿＿，＿＿＿＿＿＿。＿＿＿＿＿＿，＿＿＿＿＿＿"。

② 诗中描写诗人梦入仙境时的气氛的句子是"＿＿＿＿＿＿，＿＿＿＿＿＿。＿＿＿＿＿＿，＿＿＿＿＿＿"。

③ 诗中抒发诗人对封建权贵永不妥协的反抗精神，曲折地反映出他对当时上流社会中污秽、庸俗、丑恶现象的鄙视和厌弃的句子是"＿＿＿＿＿＿，＿＿＿＿＿＿"。

> **知识小链接**

李白经典诗句（一）

① 长风破浪会有时，直挂云帆济沧海。

——《行路难》

② 抽刀断水水更流，举杯消愁愁更愁。

——《宣州谢朓楼饯别校书叔云》

③ 天生我材必有用，千金散尽还复来。

——《将进酒》

④ 飞流直下三千尺，疑是银河落九天。

——《望庐山瀑布》

⑤ 浮云游子意，落日故人情。

——《送友人》

清平乐·六盘山

毛泽东

天高云淡，
　望断南飞雁。
不到长城非好汉，
　屈指行程二万。

六盘山上高峰，
　红旗漫卷西风。
今日长缨①在手，
　何时缚住苍龙②？

知识加油站

◎ **重点字词**

① 长缨：指捕缚敌人的长绳，出自典故"终军请缨"，《汉书·终军传》："愿受长缨，必羁南越王而致之阙下"，这里指革命武装。

② 苍龙：《后汉书·张纯传》注："苍龙，太岁也。"古代方士以太岁所在为凶方，因称太岁为凶神恶煞。此处的太岁指国民党反动派。

◎ **诵读点拨**

清平乐，双调，四十六字。上阕四句都押仄声韵，下阕一、二、四句换平声韵，句式长短不一，但以三节拍为主。全词大气磅礴，雄浑豪放，隽异挺拔，具有强烈的感染力。

助记导图

作品档案

毛泽东（1893—1976年），字润之，笔名子任，生于湖南湘潭韶山一个农民家庭，马克思主义者，无产阶级革命家、战略家、理论家，诗人、书法家。

六盘山位于宁夏回族自治区南部，甘肃省东部，是陇山山脉的主峰，南北走向，长约240千米，主峰海拔2 928米。六盘山上下约30千米，山势险峻，山路曲折险窄，要盘旋多重才能到达峰顶。六盘山是红军长征到达陕北前的最后一座高山。

情境默写

① 词中眺望远景描写登上六盘山所见到的北国清秋景色的句子是"＿＿＿＿＿＿＿，＿＿＿＿＿＿＿＿＿＿"。

② 词中表达了中国共产党和红军北上去抗日前线的坚强意志和决心的句子是"＿＿＿＿＿＿，＿＿＿＿＿＿"。

③ 词中抒发作者和红军必胜信心的句子是"＿＿＿＿＿＿，＿＿＿＿＿＿"。

> **知识小链接**
>
> ### 毛泽东经典诗句
>
> ① 雄关漫道真如铁，而今迈步从头越。
>
> ——《忆秦娥·娄山关》
>
> ② 天若有情天亦老，人间正道是沧桑。
>
> ——《七律·人民解放军占领南京》
>
> ③ 为有牺牲多壮志，敢教日月换新天。
>
> ——《七律·到韶山》
>
> ④ 一万年太久，只争朝夕。
>
> ——《满江红·和郭沫若同志》
>
> ⑤ 江山如此多娇，引无数英雄竞折腰。
>
> ——《沁园春·雪》

黄山小记（节选）

菡子

黄山在影片和山水画中是静静的，仿佛天上仙境，好像总在什么辽远而悬空的地方；可是身历其境，你可以看到这里其实是生气蓬勃的，万物在这儿生长发展，是最现实而活跃的童话诞生的地方①。

从每一条小径走进去，阳光仅在树叶的空隙中投射过来星星点点的光彩，两旁的小花小草却都挤到路边来了；每一棵嫩芽和幼苗都在生长，无处不在使你注意：生命！生命！生命！就在这些小路上，我相信许多人都观看过香榧的萌芽，它伸展翡翠色的扇形，摸触得到它是"活"的。这里的奇花都开在高高的树上，望春花、木莲花，都能与罕见的玉兰媲美，只是她们的寿命要长得多；最近发现的仙女花，生长在高峰流水的地方，她涓洁、清雅，穿着白纱似的晨装，正像喷泉的姐妹。她早晨醒来，晚上睡着，如果你一天窥视着她，她是仙辈中最娇弱的幼年了。还有嫩黄的"兰香灯笼"——这是我们替她起的名字，先在低处看见她眼瞳似的小花，登高却看到她放苞了，成了一串串的灯笼，在一片雾气中，她亮晶晶的，在山谷里散发着一阵阵的兰香味，仿佛真是在喜庆之中；杜鹃花和高山玫瑰个儿矮些，但她们五光十色，异香扑鼻，人们也不难发现她们的存在。紫蓝色的青春花，暗红的灯笼花，也能攀山越岭，四处丛生，她们是行人登高热烈的鼓舞者。这里的草也是有特色的，悬岩上挂着长须（龙须草），沸水烫过三遍的幼草还能复活（还魂草），有一种草，一百斤①中可以炼出三斤铜来，还有仙雅的灵芝草，既然也长在这儿，不知可肯屈居为它们的同类？黄山树木中最有特色的要算松树了，奇美挺秀，蔚然可观，日没中的万松林，映在纸上是世上少有的奇妙的剪影。

　　鸟儿是这个山林的主人，无论我登多少高（据估计有两万石级），总听见它们在头顶的树林中歌唱，我不觉把它们当作我的引路人了。在这三四十里的山途中，我常常想起不知谁先在这奇峰峻岭中种的树，有一次偶尔得到了答复，原来就是这些小鸟的祖先，它们衔了种子飞来，又靠风儿作媒，就造成了林，这个传说不会完全没有道理吧。玉屏楼和散花精舍的招待员都是听"神鸦"的报信为客人备茶的，相距头十里，聪明的鸦儿却能在一小时之内在这边传送了客来的消息，又飞到另一个地方去。夏天的黎明，我发现有一种鸟儿是能歌善舞的，它像银燕似地自由飞翔，忽上忽下，忽左忽右，我难以捉摸它灵活的舞姿，它的歌声清脆嘹亮委婉动听，是一支最亲切的晨歌，从古人的黄山游记中我猜出它准是八音鸟或山乐鸟。在这里居住的动物最聪明的还是猴子，它们在细心观察人们的生活，据说新四军游击队在这山区活动的时候，看见它们抬过担架，它们当中也有"医生"。一个猴子躺下，就去找一个猴医来，由它找些药草给病猴吃。

---

① 1斤=500克。

古今多少诗人画家描写过黄山的异峰奇景，我是不敢媲美的，旅行家徐霞客说过："五岳归来不看山，黄山归来不看岳"，我阅历不深，只略能领会他豪迈的总评，登在这里的照片，我也只能证明它的真实而无法形容它的诗情画意，看来我的小记仅是为了补充我所见闻而画中看不到的东西。

知识加油站

◎ **重点句子**

① 可是／身历其境，你可以看到／这里其实是生气蓬勃的，万物／在这儿生长发展，是最现实而活跃的童话诞生的地方。

解读：这一句总括全文，字里行间饱含了作者对生命的赞颂和对大自然的爱慕，点出了黄山的神韵。

◎ **诵读点拨**

本文对黄山不同景观的描写次第展开，各有侧重，布局井然有序，如行云流水。诵读时宜饱含感情，语速平缓，读出作者恬淡素雅、诗意浓郁、感情细腻的语言特色。

助记导图

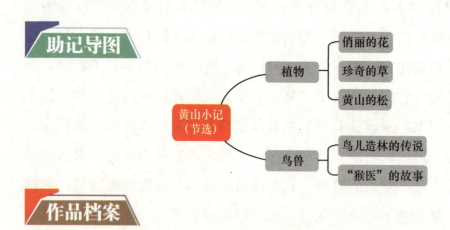

作品档案

菡子（1921—2003年），原名罗涵之，又名方晓，著名女作家、散文家，中国共产党的优秀党员，新四军老战士，长期在部队从事文艺宣传工作。她曾任《前线报》编辑、中国作协创作委员会副主任、《收获》和《上海文艺》编委、上海市作家协会副主席、上海文艺出版总社编审等职务。她创作的小说和散文，格调清新，文笔优美，已出版散文集《和平博物馆》《幼雏集》《前线的颂歌》《初晴集》《素花集》《乡村集》《菡子散文选》，小说集《纠纷》《前方》等。

情境默写

① 描写黄山的花俏丽的句子是"＿＿＿＿＿＿＿＿＿＿""＿＿＿＿＿＿＿＿＿＿""＿＿＿＿＿＿＿＿＿＿""＿＿＿＿＿＿＿＿＿＿"。

② 描写黄山的草珍奇的句子是"＿＿＿＿＿＿＿＿＿＿＿＿＿＿＿＿＿＿＿＿＿＿＿＿＿＿＿＿＿＿＿＿＿＿＿＿"。

知识小链接

描写黄山的经典诗句

① 渭水自萦秦塞曲，黄山旧绕汉宫斜。

——王维《奉和圣制从蓬莱向兴庆阁道中留春雨中春望之作应制》

② 鸡鸣发黄山，暝投鰕湖宿。

——李白《宿鰕湖》

③ 山人缚屋黄山巅，青松万株盘屋前。

——孙一元《谢鲍山人采松花见寄》

④ 队谷云低梅雨多，黄山涤源溪涌波。

——范成大《送子文杂言》

⑤ 黄山胜地烟霞明，朱砂泉暖肌肤醒。

——鲁宗道《题汤泉院壁》

孟门山

北朝 / 郦道元

　　河水南径北屈县故城西，西四十里有风山，上有穴如轮，风气萧瑟，习常不止。当其冲飘也，略无生草，盖常不定，众风之门故也。风山西四十里，河南孟门山。《山海经》曰："孟门之山，其上多金玉，其下多黄垩涅石。"《淮南子》曰："龙门未辟，吕梁未凿，河出孟门之上。大溢逆流，无有丘陵、高阜灭之，名曰洪水。大禹疏通，谓之孟门。"故《穆天子传》曰："北登孟门九河之磴。"孟门，即龙门之上口也。实为河之巨阨，兼孟门津之名矣。

　　此石经始禹凿；河中漱广，夹岸崇深，倾崖返捍，巨石临危，若坠复倚。古之人有言："水非石凿，而能入石。"信哉！

　　其中水流交冲，素气云浮，往来遥观者，常若雾露沾人，窥深悸魄。其水尚崩浪万寻，悬流千丈，浑洪赑怒，鼓若山腾，浚波颓叠，迄于下口。方知慎子"下龙门，流浮竹，非驷马之追也"。

知识加油站

◎ **重点句子**

① 崩浪 / 万寻，悬流 / 千丈。

　　译文：河水激起万重浪，有如瀑布千丈。

② 鼓若 / 山腾，浚波 / 颓叠。

　　译文：波浪像崇山峻岭，激流交叠。

◎ **诵读点拨**

　　作者笔下的孟门山，峰崖峥嵘；孟门水，骇浪翻腾。奇山异水，相得益彰。诵读时，语气应粗犷豪放，激昂高亢，铿锵有力，读出黄河水咆哮闯龙门时的狂暴不羁，汹涌澎湃。

助记导图

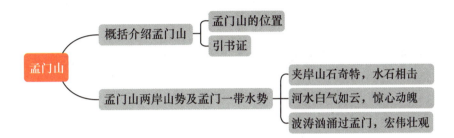

作品档案

郦道元（472—527年），字善长，范阳涿州（今河北涿州）人，平东将军郦范之子，南北朝时期北魏官员、地理学家。郦道元少时博览奇书，后又游历秦岭、淮河以北和长城以南的广大地区。郦道元仕途坎坷，终未能尽其才。他曾任御史中尉、北中郎将等职，执法严峻，后被北魏朝廷任命为关右大使。他著有《水经注》四十卷，另著《本志》十三篇及《七聘》等文，但均已失传。

本文选自《水经注·河水》。

情境默写

① 文中写水流的速度和气势的句子是"＿＿＿＿＿，＿＿＿＿＿"。

② 文中写水流的声响的句子是"＿＿＿＿＿＿＿＿＿"。

③ 文中写河水的形体的句子是"＿＿＿＿＿，＿＿＿＿＿"。

知识小链接

郦道元经典诗句

① 泉源上奋，水涌若轮。

——《水经注·卷八》

② 巴东三峡巫峡长，猿鸣三声泪沾裳。

——《水经注·江水》

③ 重岩叠嶂，隐天蔽日，自非亭午夜分，不见曦月。

——《水经注·江水》

④ 高者千仞、多奇形异势，自非烟寨雨霁，不辨见此远山矣。

——《水经注·江水》

十七日观潮

北宋/陈师道

漫漫平沙走白虹①，瑶台②失手玉杯空。

晴天摇动清江底，晚日浮沉急浪中。

知识加油站

◎ **重点字词**

① 走白虹：走，奔跑和滚动；白虹：指钱塘江潮。

② 瑶台：传说中指天上神仙居住的地方。

◎ **诵读点拨**

这是一首七言绝句，每句三个节拍，一、二、四句押韵。诗歌通过白色长虹的比喻，瑶台泼酒的幻想，借助晴天和晚日的烘托，描绘出钱塘江大潮的壮丽景色。全诗一气呵成，没有明显的抒情语句，却又让人感受到诗人对祖国大好河山、壮丽美景的热爱，令人心动神摇。

助记导图

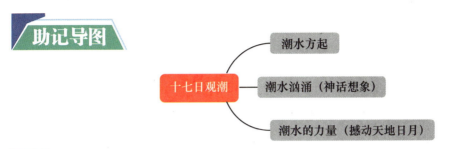

作品档案

陈师道（1053—1102年），字履常，一字无己，号后山居士，徐州彭城（今江苏徐州）人，"苏门六君子"之一，江西诗派重要诗人。著有《后山先生集》。钱塘江潮是中国著名的自然奇观，每年八月十五至十八日，潮水上涨时，势如奔马，铺天盖地，观潮的人挤满海塘。历代文人留下了许多描写江潮的诗文，陈师道也作了近十首观潮诗，这是其中的一首。

情境默写

① 诗中写潮水方起的句子是"＿＿＿＿＿＿＿＿＿＿＿＿＿＿＿"。

② 诗中写潮水涌到面前，人间的物象已不足以形容，所以改用神话想象描写的句子是"＿＿＿＿＿＿＿＿＿＿＿＿＿"。

③ 诗中写满江涌动的潮水的力量，撼动了倒映其中的天地日月的句子是"＿＿＿＿＿＿＿，＿＿＿＿＿＿＿"。

知识小链接

陈师道经典诗句

① 书当快意读易尽，客有可人期不来。

——《绝句·书当快意读易尽》

② 叶落风不起，山空花自红。

——《妾薄命·为曾南丰作》

③ 东飞乌鹊西飞燕，盈盈一水经年见。

——《菩萨蛮·七夕》

④ 人事自生今日意，寒花只作去年香。

——《次韵李节推九日登南山》

⑤ 夫妇死同穴，父子贫贱离。

——《别三子》

由桂林朔漓江至兴安

清／袁枚

江到兴安水最清，青山簇簇^①水中生。
分明看见青山顶，船在青山顶上行。

知识加油站

◎ 重点字词

① 簇簇（cù）：量词，用于形容聚集成团成堆的东西。

◎ 诵读点拨

这是一首七言绝句，总共四句，每句七字、三个节拍，句末押韵，朗朗上口，再加上意境清新别致，读来令人神往和陶醉。

助记导图

作品档案

袁枚（1716—1798年），字子才，号简斋，清代诗人、散文家，晚年自号仓山居士、随园主人、随园老人，钱塘（今浙江杭州）人。袁枚论诗主张抒写性情，创"性灵"说。

漓江又名桂江、桂水，北起兴安，南经桂林至梧州而止，蜿蜒曲折，如带若练，奇峰夹岸，云烟缥缈，充满着诗情画意。

情境默写

① 诗中化静为动生动地描写出青山倒影的句子是"＿＿＿＿＿＿＿＿＿＿＿＿＿，＿＿＿＿＿＿＿＿＿＿＿＿＿＿＿＿＿＿＿＿＿"。

② 诗中把簇簇青山在水中的倒影与水面行船的实景交融在一起绘写出漓江倒影的句子是"＿＿＿＿＿＿＿＿＿＿＿＿，＿＿＿＿＿＿＿＿＿＿＿＿"。

> **知识小链接**
>
> ### 袁枚经典诗句
>
> ① 苔花如米小，也学牡丹开。
>
> ——《苔》
>
> ② 青山尚且直如弦，人生孤立何伤焉？
>
> ——《独秀峰》
>
> ③ 村落晚晴天，桃花映水鲜。
>
> ——《题画》
>
> ④ 化工事事无复笔，一瀑布耳形万千。
>
> ——《观大龙湫作歌》

晨读时光

怒江

于坚

大怒江在帝国的月光边遁去
披着豹皮　黑暗之步避开了道路
它在高原上张望之后
选择了边地　外省　小国和毒蝇
它从那些大河的旁边擦身而过
隔着高山　它听见它们在那儿被称为父亲
它远离那些隐喻　远离它们的深厚与辽阔
这条陌生的河流　在我们的诗歌之外
在水中　干着把石块打磨成沙粒的活计
在遥远的西部高原
它进入了土层或者树根

知识加油站

◎ 诵读点拨

　　这是一首当代诗人写的现代诗。现代诗不讲究诗句的押韵，不讲究诗句齐整，不像古诗那样有严格的格律，但有一种切合诗情的内在韵律，虽然诗句长短不齐，但这首诗大部分诗句都是三个节拍或四个节拍，朗读时节奏还是分明的。诗歌语言口语化，但含蓄隽永，富有诗意。

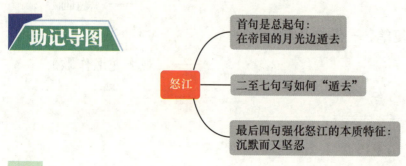

作品档案

于坚 1954 年生于昆明,当代著名诗人,"他们"诗群代表诗人之一。怒江发源于青藏高原的唐古拉山南麓的吉热拍格。它深入青藏高原内部,由西北向东南流入云南省,然后又流入缅甸,改称萨尔温江,最后注入印度洋的缅甸海。

情境默写

① 诗中作者描写怒江孤傲形象的句子是"_____"。

② 诗中饱含着作者的叛逆精神与声讨之音,讽谏那些所谓父辈之大河的句子是"_____"。

知识小链接

于坚与"他们"诗群

1985 年,于坚、韩东、小海、丁当等创办了《他们》诗刊,组建了对第三代诗群产生重要影响的"他们"诗群。"他们"诗群中的代表作有韩东的《有关大雁塔》《你见过大海》以及于坚的《尚义街六号》等。"他们"诗群的代表诗人韩东认为"诗到语言为止",于坚则强调口语写作的重要性。"他们"诗群的作品对中国现代诗歌的发展起到了积极的促进作用。

桨声灯影里的秦淮河(节选)

朱自清

一九二三年八月的一晚,我和平伯同游秦淮河;平伯是初泛,我是重来了。我们雇了一只"七板子",在夕阳已去,皎月方来的时候,便下了船。于是桨声汩——

汩，我们开始领略那晃荡着蔷薇色的历史的秦淮河的滋味了。

秦淮河的水是碧阴阴的；看起来厚而不腻，或者是六朝金粉所凝么？我们初上船的时候，天色还未断黑，那漾漾的柔波是这样的恬静、委婉，使我们一面有水阔天空之想，一面又憧憬着纸醉金迷之境了。等到灯火明时，阴阴的变为沉沉了：黯淡的水光，像梦一般；那偶然闪烁着的光芒，就是梦的眼睛了。我们坐在舱前，因了那隆起的顶棚，仿佛总是昂着首向前走着似的；于是飘飘然如御风而行的我们，看着那些自在的湾泊着的船，船里走马灯般的人物，便像是下界一般，迢迢的远了，又像在雾里看花，尽朦朦胧胧的。这时我们已过了利涉桥，望见东关头了。沿路听见断续的歌声：有从沿河的妓楼飘来的，有从河上船里度来的。我们明知那些歌声，只是些因袭的言词，从生涩的歌喉里机械地发出来的；但它们经了夏夜的微风吹漾和水波的摇拂，袅娜着到我们耳边的时候，已经不单是她们的歌声，而混着微风和河水的密语了。于是我们不得不被牵惹着，震撼着，相与浮沉于这歌声里了。从东关头转弯，不久就到大中桥。大中桥共有三个桥拱，都很阔大，俨然是三座门儿；使我们觉得我们的船和船里的我们，在桥下过去时，真是太无颜色了。桥砖是深褐色，表明它的历史的长久；但都完好无缺，令人太息于古昔工程的坚美。桥上两旁都是木壁的房子，中间应该有街路？这些房子都破旧了，多年烟熏的迹，遮没了当年的美丽。我想象秦淮河的极盛时，在这样宏阔的桥上，特地盖了房子，必然是髹漆得富富丽丽的；晚间必然是灯火通明的。现在却只剩下一片黑沉沉！但是桥上造着房子，毕竟使我们多少可以想见往日的繁华；这也慰情聊胜于无了。过了大中桥，便到了灯月交辉，笙歌彻夜的秦淮河，这才是秦淮河的真面目哩。

大中桥外，顿然空阔，和桥内两岸排着密密的人家的景象大异了。一眼望去，疏疏的林，淡淡的月，衬着蓝蔚的天，颇像荒江野渡光景；那边呢，郁丛丛的，阴森森的，又似乎藏着无边的黑暗：令人几乎不信那是繁华的秦淮河了。但是河中眩晕着的灯光，纵横着的画舫，悠扬着的笛韵，夹着那吱吱的胡琴声，终于使我们认识绿如茵陈如酒的秦淮水了。此地天裸露着的多些，故觉夜来的独迟些；从清清的水影里，我们感到的只是薄薄的夜——这正是秦淮河的夜。这时正是盛夏。南京的日光，大概没有杭州猛烈；西湖的夏夜老是热蓬蓬的，水像沸着一般，秦淮河的水却尽是这样冷冷地绿着①。任你人影的憧憧，歌声的扰扰，总像隔着一层薄薄的绿纱面幂似的；它尽是这样静静的，冷冷的绿着。我们出了大中桥，走不上半里路，船夫便将船划到一旁，停了桨由它荡着。他以为那里正是繁华的极点，再过去就是荒凉了；所以让我们多多赏鉴一会儿。

知识加油站

◎ **重点句子**

① 南京的日光，大概没有杭州猛烈；西湖的夏夜老是热蓬蓬的，水像沸着一般，秦淮河的水却尽是这样冷冷地绿着。

解读：这一句把南京、杭州、秦淮河相比较，突出秦淮河的水"尽是这样冷冷地绿着"。

◎ **诵读点拨**

本文描绘了作者在暮色掩饰之下游历秦淮河的情形，诵读时语速要平缓，随着作者的情感起伏，语调应略有变化。

助记导图

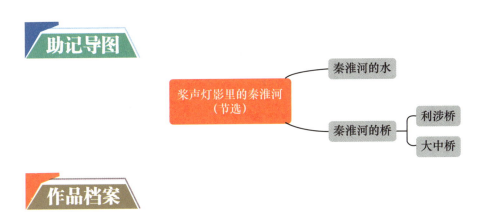

作品档案

朱自清（1898—1948年），原名自华，号实秋，后改名自清，字佩弦。原籍浙江绍兴，出生于江苏东海（今连云港市东海县平明镇），后随父定居扬州。中国现代散文家、诗人、学者、民主战士。1922年，朱自清与叶圣陶等创办了中国新文学史上第一个诗刊——《诗》月刊，倡导新诗。1928年，他的第一部散文集《背影》出版。1930年，他代理清华大学中文系主任。抗日战争爆发后，朱自清随校南迁，任国立西南联合大学教授。

情境默写

① 文中描写秦淮河水的句子是"＿＿＿＿＿＿＿＿＿＿＿＿＿＿＿＿＿＿＿＿"
"＿＿＿＿＿＿＿＿＿＿＿＿＿＿＿＿＿＿""＿＿＿＿＿＿＿＿＿＿＿＿＿＿＿＿＿＿"。

② 文中描写秦淮河桥的句子是"＿＿＿＿＿＿＿＿＿＿＿＿＿＿＿＿＿＿＿＿"
"＿＿＿＿＿＿＿＿＿＿＿＿＿＿＿＿＿＿"。

知识小链接

写秦淮河的经典诗句

① 烟笼寒水月笼沙，夜泊秦淮近酒家。商女不知亡国恨，隔江犹唱后庭花。

——杜牧《泊秦淮》

② 一棹轻随岸柳斜，晚霞落日集名家。六朝风物秦淮水，三月春情谷雨茶。

——吴山《秦淮舟集同刘李诸夫人分韵》

③ 秋月秦淮岸，江声转画桥。市楼临绮陌，商女驻兰桡。

——于慎行《秦淮》

游珍珠泉记

清 / 王昶

济南府治，为济水所经。济性洑而流，抵巇辄喷涌以上。人斩木刻其首，杙诸土，才三四寸许，拔而起之，遂得泉。泉莹然至清，盖地皆沙也，以故不为泥所汨。然未有若珍珠泉之奇。

泉在巡抚署廨前，甃为池，方亩许，周以石栏。依栏瞩之，泉从沙际出，忽聚忽散,忽断忽续,忽急忽缓,日映之,大者为珠,小者为玑,皆自底以达于面,瑟瑟然,累累然①。《亢仓子》云:"蜕地之谓水,蜕水之谓气,蜕气之谓虚。"观于兹泉也,信。

是日雨新霁,偕门人吴琦、杨怀栋游焉,移晷乃去。

济南泉得名者凡十有四,兹泉盖称最云。

知识加油站

◎重点句子

① 日映之,大者/为珠,小者/为玑,皆/自底以达于面,瑟瑟然,累累然。

译文:在阳光的照映下,大的像珍珠,小的似玉玑,颗颗从水底上升到水面,瑟瑟作响,接连成串。

◎诵读点拨

本文描绘了珍珠泉的奇景,比喻奇特,结构井然,行文自然流畅。文字也如珍珠泉一样字字珠玑,玲珑剔透。诵读时,要用轻快活泼的语调,音节抑扬顿挫,自然有致。

助记导图

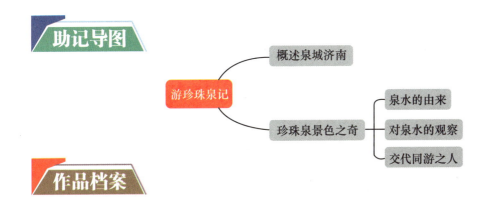

作品档案

王昶(1725—1806年),字德甫,号兰泉,晚号述庵,江苏青浦朱家角(今属上海)人。他乾隆十九年(1754年)中进士,官至刑部右侍郎。王昶早负诗名,长于治经,尤嗜金石之学,多藏金石碑版,辑有《湖海诗传》《湖海文传》《明词综》《国朝词综》《金石萃编》等书,自著有《春融堂诗文集》等。

情境默写

① 文中表现作者及其弟子对珍珠泉流连忘返的句子是"＿＿＿＿＿＿＿＿，＿＿＿＿＿＿＿＿＿＿＿＿＿＿＿，＿＿＿＿＿＿＿＿＿＿＿＿＿＿＿"。

② 文中采用排比修辞手法的句子是"＿＿＿＿＿＿＿＿＿＿＿＿＿""＿＿＿＿＿＿＿＿＿＿＿＿＿＿"。

③ 作者对珍珠泉做出高度评价的句子是"＿＿＿＿＿＿＿＿＿＿＿＿＿，＿＿＿＿＿＿＿＿＿＿＿＿＿"。

知识小链接

写济南泉水的经典诗句

① 一派遥从玉水分，暗来都洒历山尘。滋荣冬茹湿常早，润泽春茶味更真。

——曾巩《趵突泉》

② 王屋流来山下泉，清波聊酌思泛然。云含雪浪频翻地，河涌三星倒映天。

——胡缵宗《咏趵突泉》

③ 玉轮滚滚无时已，珠颗涓涓尽日生。

——蒲松龄《珍珠泉抚院观风》

三、古迹

晚登三山还望京邑

南朝 / 谢朓

灞涘望长安①，河阳视京县。
白日丽飞甍②，参差皆可见。
余霞散成绮，澄江静如练。
喧鸟覆春洲，杂英满芳甸。
去矣方滞淫，怀哉罢欢宴。
佳期怅何许，泪下如流霰。
有情知望乡，谁能鬒③不变？

知识加油站

◎重点字词

①灞（bà）涘（sì）望长安：借用汉末王粲《七哀诗》"南登霸陵岸，回首望长安"诗意。灞，水名，源出陕西蓝田，流经长安（今西安）城东。

②飞甍（méng）：上翘如飞翼的屋脊。甍：屋脊。

③鬒（zhěn）：黑发。

◎诵读点拨

这是一首五言古诗，共十四句，每句五字、两节拍。偶句押韵，诗中对仗句颇多，抒写了诗人登上三山时遥望京城和大江美景引起的思乡之情。

作品档案

谢朓（464—499年），南齐文学家。字玄晖，陈郡阳夏（今河南太康附近）人。他与同族前辈谢灵运均擅长山水诗，并称"大小谢"。

三山，山名，在今南京西南。京邑指南齐都城建康，即今南京。三山是谢朓从京城建康到宣城的必经之地。三山因上有三峰、南北相接而得名，其位于建康西南长江南岸，附近有渡口，离建康不远，相当于从灞桥到长安的距离。

情境默写

① 诗中既交代离京的原因和路程，又借典故含蓄地抒写诗人对京邑眷恋不舍的心情以及对时势的隐忧的句子是"＿＿＿＿＿＿＿，＿＿＿＿＿＿＿"。

② 诗中写尽京城的繁华景象和壮丽气派的句子是"＿＿＿＿＿＿＿，＿＿＿＿＿＿＿"。

③ 诗中用大笔晕染江天景色的千古名句是"＿＿＿＿＿＿＿，＿＿＿＿＿＿＿"。

知识小链接

谢朓经典诗句

① 新叶初冉冉，初蕊新霏霏。

——《咏落梅》

② 上有流思人，怀旧望归客。

——《送江水曹还远馆》

③ 洞庭张乐地，潇湘帝子游。

——《新亭渚别范零陵云》

④ 大江流日夜，客心悲未央。

——《暂使下都夜发新林至京邑赠西府同僚》

咏怀古迹·其三

唐 / 杜甫

群山万壑赴荆门①，生长明妃尚有村。
一去紫台连朔漠②，独留青冢向黄昏。
画图省识春风面③，环珮空归夜月魂。
千载琵琶作胡语，分明怨恨曲中论④。

知识加油站

◎ **重点字词**

① 荆门：山名，在今湖北宜都西北。

② 去：离开。紫台：汉宫、紫宫、宫廷。朔漠：北方大沙漠。

③ 省：约略。一说意为曾经。春风面：形容王昭君的美貌。

④ 怨恨曲中论（lún）：乐曲中诉说着昭君的哀怨。

◎ **诵读点拨**

这是一首七言律诗，总共八句，每句七字三节拍，中间两联对仗工整。全诗语言凝练，气势浑厚，意境深远，借咏昭君村、怀念王昭君来寄托自己的身世和爱国之情。

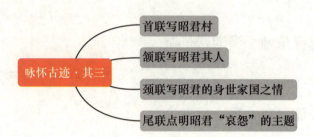

作品档案

本诗是杜甫于唐代宗大历元年（766年）在夔州写成的组诗《咏怀古迹五首》中的第三首。杜甫因昭君村而哀叹其人的遭遇，借咏昭君村、怀念王昭君来抒写自己的怀抱。昭君村在今湖北秭归的香溪。

情境默写

① 诗中点出昭君村所在地方的句子是"_____，_____"。

② 诗中写尽了昭君一生悲剧的句子是"_____，_____"。

③ 诗中写昭君身世家国之情的句子是"_____，_____"。

④ 诗中借千载作胡音的琵琶曲调，点明昭君"哀怨"主题的句子是"_____，_____"。

知识小链接

杜甫经典诗句（二）

① 白日放歌须纵酒，青春作伴好还乡。

——《闻官军收河南河北》

② 读书破万卷，下笔如有神。

——《奉赠韦左丞丈二十二韵》

③ 感时花溅泪,恨别鸟惊心。

——《春望》

④ 无边落木萧萧下,不尽长江滚滚来。

——《登高》

⑤ 此曲只应天上有,人间能得几回闻。

——《赠花卿》

敦煌

海子

敦煌石窟

像马肚子下

挂着一只只木桶

乳汁的声音滴破耳朵——

像远方草原上撕破耳朵的人

来到这最后的山谷

他撕破的耳朵上

悬挂着花朵

敦煌是千年以前

起了大火的森林

在陌生的山谷

是最后的桑林——我交换

食盐和粮食的地方

我筑下岩洞　在死亡之前　画上你

最后一个美男子的形象

晨读时光

为了一只母松鼠

为了一只母蜜蜂

为了让她们在春天再次怀孕

知识加油站

◎ 诵读点拨

这是当代诗人海子写的一首现代诗。现代诗不讲究诗句的押韵，不讲究诗句的整齐，更不讲究声韵的平仄关系，但自有它内在的韵律，这种内在的韵律主要表现为诗歌情绪的自然消长。现代诗用最富有自然性的口语写作，如口语一般灵动，节奏自然分明。海子这首诗亦如此。

助记导图

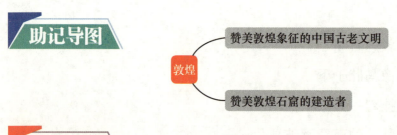

作品档案

海子（1964—1989年），原名查海生，出生于安徽省怀宁县高河镇查湾村，当代青年诗人。在他短暂的一生里，从1984年的《亚洲铜》到1989年3月14日的最后一首诗《春天，十个海子》，海子创造了近200万字的诗歌、诗剧、小说、论文和札记。

敦煌，甘肃省县级市，位于河西走廊的最西端，地处甘肃、青海、新疆三省（自治区）的交汇处。敦煌是丝绸之路的节点城市，凭借"敦煌石窟""敦煌壁画"而闻名天下，是世界文化遗产莫高窟和汉长城边陲玉门关、阳关的所在地。

情境默写

① 诗中将敦煌石窟想象成一幅挤马奶图，描写马奶滴落到木桶中的图景的句

子是"＿＿＿＿＿＿＿＿＿＿＿＿＿＿＿＿＿＿＿＿＿＿＿＿"。

② 诗中描述在古老文明衰败的过程中，敦煌石窟的建造者用生命将古老的文明雕刻在石壁上的句子是"＿＿＿＿＿＿＿＿＿＿＿＿＿＿＿＿＿＿＿＿＿＿＿＿＿＿＿＿＿＿"。

> **知识小链接**
>
> ### 海子经典诗句
>
> ① 爱怀疑和飞翔的是鸟／淹没一切的是海水。
>
> ——《亚洲铜》
>
> ② 风后面是风／天空上面是天空／道路前面还是道路。
>
> ——《四姐妹》
>
> ③ 从明天起，做一个幸福的人／喂马，劈柴，周游世界／从明天起，关心粮食和蔬菜／我有一所房子，面朝大海，春暖花开。
>
> ——《面朝大海，春暖花开》
>
> ④ 远在远方的风比远方更远／我的琴声呜咽泪水全无。
>
> ——《九月》

春游颐和园（节选）

沈从文

北京建都有八百多年历史。劳动人民用他们的勤劳和智慧，在北京城郊建造了许多规模宏大建筑美丽的宫殿、庙宇和花园，留给我们后一代。……

春天来了，颐和园花木都逐渐开放了，每天除了成千上万来看花的游人，还有许多自城郊学校来的少先队员，到园中过队日郊游，进行各种有益身心的活动。……

晨读时光

　　颐和园最高处建筑物，是山顶上那座全部用彩琉璃砖瓦拼凑做成的无梁殿。这个建筑无论从工程上和装饰美术上说来，都是一个伟大的创作。上山的道路很多：欢喜热闹不怕累，可从排云殿后抱月廊上去，再从那几百磴"之"字形石台阶爬到佛香阁，歇歇气，欣赏一下昆明湖远近全景，再从后翻上那个众香界琉璃牌楼，就到达了。欢喜冒险好奇的，又不妨从后山上去。这一路得经过几层废殿基，再钻几个小山洞。行动过于活泼的游客，上到山洞边时，头上脚下都得当心一些，免得偶然摔倒。另外东西两侧还有两条比较平缓的山路可走，上了点年纪的人不妨从东路上去。就是从景福阁向上走去。半道山脊两旁多空旷，特别适宜远眺，南边是湖上景致，北边园外却是村落自然景色，很动人。夏六月还是一片绿油油的庄稼直延伸到西山尽头，到秋八月后，就只见无数大牛车满满装载黄澄澄的粮食向合作社转运①。

　　村庄前后也到处是粮食堆垛。

　　从北边走可先逛长廊，到长廊尽头，转个弯，就到大石舫边了。大石舫也是乾隆时做的，七十年前才在上面加个假西式楼房，五色玻璃在当时是时髦物品。除大石舫外，这里经常还停泊有百多只油漆鲜明的小游艇出租。欢喜划船的游人，可租船向前湖划去，一直过西峰腰桥再向南，再划回来。……

　　欢喜从空旷湖面转入幽静环境的游人，不妨把船向后湖划去。后湖水面窄而曲折、林木幽深，水中大鱼百十成群，对小船来去既成习惯，因此也不大存戒心。后湖在秋天在一个极短时期中，水面常常忽然冒出一种颜色金黄的小莲花，一朵朵从水面探头出来约两寸②来高，花不过一寸大小，可是远远的就可让我们发现。至近身时我们才会发现柔弱花朵上还常常歇有一种细腰窄翅黑蜻蜓，飞飞又停停，彼此之间似相识又似陌生。又像是新认识的好朋友，默默地又亲切地贴近时，还像有些腼腆害羞。一切情形和安徒生童话中的描写差不多，可是还更美丽一些。这些小小金丝莲，一年秋季只开花三四天，小蜻蜓从湖旁丛草间孵化，生命也极短暂。我们缺少安徒生的诗的童心，因此也难更深一层去想象体会它们短暂生命相互依存的悦乐处。

　　见到这种花朵时，最好莫惊动采摘，让大家看看。由石舫上山路，可经过画中游，这部分房子是有意仿造南方小楼房式做成，十分玲珑精致，大热天住下来

---

②1寸≈0.03米。

66

不会太舒服，可是在湖中远观却特别好看。走到画中游才会明白取名的用意。若在春天四月里，园中好花次第开放，一切松柏杂树新叶也放出清香，这些新经修理装饰得崭新的建筑物，完全包裹在花树中，使得我们不能不对于创造它和新近修理它的木工、瓦工、彩画油漆工，以及那些长年在园子里栽花种树的工人，表示敬意和感谢。

知识加油站

◎ **重点句子**

① 夏六月还是一片绿油油的庄稼直延伸到西山尽头，到秋八月后，就只见无数大牛车满满装载黄澄澄的粮食向合作社转运。

解读：这一句，作者用庄稼的生长和收获描写乡村，展现了乡村的富足和农民生活的快乐，也体现出作者对乡村的喜爱。

◎ **诵读点拨**

本文作者详细描绘了颐和园的景色，也介绍了其他相关情况。诵读时要语速平缓，读出作者春天游览颐和园时的喜悦心情。

助记导图

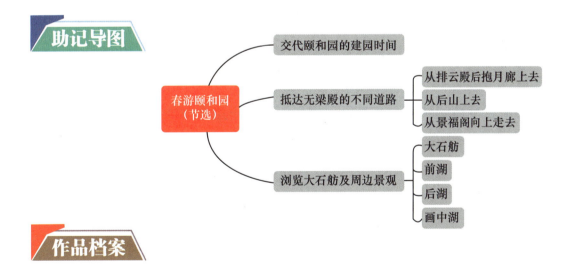

作品档案

沈从文（1902—1988年），原名沈岳焕，字崇文，湖南凤凰人，中国著名作家、历史文物研究者。14岁时，他投身行伍，浪迹湘川黔交界地区。沈从文1924年开始进行文学创作，撰写出版了《长河》《边城》等小说。1931—1933年在青

岛大学任教，抗战爆发后到西南联大任教，1946年回到北京大学任教，中华人民共和国成立后在中国历史博物馆[①]和中国社会科学院历史研究所工作，主要从事中国古代历史与文物的研究，著有《中国古代服饰研究》。

情境默写

① 文章第六自然段描写后湖水面小莲花的句子是"＿＿＿＿＿＿＿＿＿＿""＿＿＿＿＿＿＿＿＿＿"。

② 文章第六自然段描写后湖水面小蜻蜓的句子是"＿＿＿＿＿＿＿＿＿＿""＿＿＿＿＿＿＿＿＿＿"。

知识小链接

描写颐和园的经典诗句

① 枯莲摇碧漪，冷露瑟金井。秋寒鹊高飞，风紧鹤知警。水自玉泉来，到地声始静。

——陈遹声《中秋夜颐和园直庐·其二》

② 当年绚烂极西郊，咫尺宸居雨露饶。供帐曹司纷百局，传呼灯火接三霄。

何时秋梦惊铜辇，剩有春风到柳条。承直小臣今白首，聊堪闲客此闲谣。

——陈曾寿《过颐和园宿香山旅馆》

---

① 现为中国国家博物馆。

浓浓时光淡淡香 第三单元

单元导读

"世界上最快而又最慢，最长而又最短，最平凡而又最珍贵，最易被忽视而又最令人后悔的就是时间……"，世人都知时间宝贵，却又鲜有办法挽留。

既然无法留住时间，古人就想了各种办法来铭记时间。比如，我们将农历七月初七定为七夕节，寓意有情人终成眷属；我们将农历八月十五定为中秋节，期盼家人团聚；我们将农历大年三十定为除夕，约定除旧迎新。除了丰富多彩的传统节日外，我们还将其他的日子用时令来标记，一年有四时，四时之内还有二十四节气。我们中华民族祖祖辈辈，都深深地扎根于华夏大地。

土地承载着我们，也给养着我们。我们不违农时，大地也从不曾亏欠我们。飞禽走兽，草木果蔬，是苏轼诗词里的"造物者之无尽藏"，是我们应该怀着虔诚之心认真烹调的珍馐。每个普通农家的柴火灶里噼噼啪啪的烧柴声，汤料被煮得恰到好处而冒出的浓香，还有家里孩子们巴不得早点开饭的期盼，汇成了品不尽的浓浓时光，忘不了的淡淡香味。

青玉案·元夕①

南宋/辛弃疾

东风夜放花千树，更吹落，星如雨，宝马雕车②香满路。凤箫声动，玉壶光转，一夜鱼龙舞。

蛾儿雪柳黄金缕③，笑语盈盈④暗香去。众里寻他千百度，蓦然回首，那人却在，灯火阑珊处。

知识加油站

◎ **重点字词**

① 元夕：夏历正月十五日为上元节，即元宵节，此夜称元夕或元夜。

② 宝马雕车：豪华的马车。

③ 蛾儿、雪柳、黄金缕：古代妇女元宵节时头上佩戴的各种饰品。这里指盛装的妇女。

④ 盈盈：声音轻盈悦耳，亦指仪态娇美的样子。

◎ **诵读点拨**

从词调来讲，《青玉案·元夕》十分别致，它原是双调，上、下阕相同，只是上阕第二句变成三字一断的叠句，跌宕生姿。下阕则无此断叠，一片三个七字排句，可排比，可变幻。

助记导图

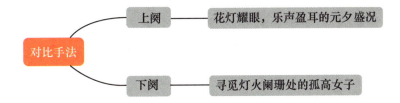

作品档案

辛弃疾（1140—1207年），南宋词人，字子瞻，号东坡居士，别号稼轩居士，山东历城（今山东济南）人。与苏轼齐名，并称"苏辛"。

这首词是辛弃疾刚从北方投奔南宋，在南宋的都城临安所著。此词从极力渲染元宵节绚丽多彩的热闹场面入手，反衬出一个孤高淡泊、超群拔俗，不同于金翠脂粉的女性形象，寄托着作者政治失意后不愿与世俗同流合污的孤高品格。

情境默写

王国维在《人间词话》中所说的治学的第三重境界是"＿＿＿＿＿＿＿＿，＿＿＿＿＿＿＿＿，＿＿＿＿＿＿＿＿，＿＿＿＿＿＿＿＿"。

> ### 知识小链接
>
> **辛弃疾经典诗词**
>
> ① 青山遮不住，毕竟东流去。
>
> ——《菩萨蛮·书江西造口壁》
>
> ② 何处望神州？满眼风光北固楼。千古兴亡多少事？悠悠。不尽长江滚滚流。
>
> ——《南乡子·登京口北固亭有怀》

③ 了却君王天下事，赢得生前身后名。

——《破阵子·为陈同甫赋壮词以寄之》

④ 最喜小儿亡赖，溪头卧剥莲蓬。

——《清平乐·村居》

中元夜

余光中

月是情人和鬼的魂魄，月色冰冰
　　燃一盏青焰的长明灯
中元①夜，鬼也醒着，人也醒着
　　人在桥上怔怔地出神

　　伸冷冷的白臂，桥栏拦我
　　　　拦我捞李白的月亮
月亮是幻，水中月是幻中幻，何况
　　今夕是中元，人和鬼一样可怜

　　可怜，可怜七夕是碧落的神话
　　落在人间。中秋是人间的希望
　　寄在碧落。而中元
　　中元属于黄泉，另一度空间

　　如果你玄衣飘飘上桥来，如果
　　　　你哭，在奈何桥上你哭

如果你笑，在鹊桥上你笑
我们是鬼故事，还是神话的主角？

终是太阳浸侵，幽光柔若无棱
飘过来云，飘过去云
恰似青烟缭绕着佛灯
桥下磷磷，桥上磷磷，我的眸想亦磷磷

月是盗梦的怪精，今夕，回不回去？
彼岸魂挤，此岸魂挤
回去的路上魂魄在游行
而水，在桥下流着；泪，在桥上流。

知识加油站

◎ **重点字词**

① 中元，即中元节，定于农历七月十五，俗称七月半。传说该日地府放出全部鬼魂，民间普遍进行祭祀鬼魂的活动。凡有新丧的人家，例要上新坟，而一般在地方上都要祭孤魂野鬼，所以，它是以祀鬼为中心的节日，系中国民间最盛大的鬼节。

◎ **诵读点拨**

这首诗传承古风，有很浓厚的古典意味，这在我国台湾地区老一代诗人的诗歌中比较常见，诵读时可进行对比阅读，体会诗韵。

助记导图

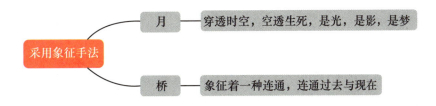

作品档案

余光中诗文双璧，是极具特色和影响力的作家。他是学院诗人，一生追求诗艺的提升。早在1967年，余光中在《五陵少年》的自序中，就宣称自己是"艺术的多妻主义者"。"艺术的多妻主义者"可理解为"艺术的多美主义者"。在长达五十年的创作生涯中，他以近一千首诗为"多妻多美"的信念做了完美的演绎。

情境默写

文中让读者脱离月色本身，而进入一种朦胧的情景之中的句子是"＿＿＿＿＿＿＿＿，＿＿＿＿＿＿＿＿，＿＿＿＿＿＿＿＿，＿＿＿＿＿＿＿＿，＿＿＿＿＿＿＿＿，＿＿＿＿＿＿＿＿"。

知识小链接

中元夜

唐／李郢

江南水寺中元夜，金粟栏边见月娥。
红烛影回仙态近，翠鬟光动看人多。
香飘彩殿凝兰麝，露绕青衣杂绮罗。
湘水夜空巫峡远，不知归路欲如何。

观潮

南宋／周密

浙江之潮，天下之伟观也。自既望以至十八日最盛。方其远出海门，仅如银线①；既而渐近，则玉城雪岭际天而来，大声如雷霆，震撼激射，吞天沃日，势极雄豪。杨诚斋诗云"海涌银为郭，江横玉系腰"者是也。

每岁京尹出浙江亭教阅水军，艨艟数百，分列两岸；既而尽奔腾分合五阵之势，并有乘骑弄旗标枪舞刀于水面者，如履平地。倏尔黄烟四起，人物略不相睹，水爆轰震，声如崩山。烟消波静，则一舸无迹，仅有"敌船"为火所焚，随波而逝。

吴儿善泅者数百，皆披发文身，手持十幅大彩旗，争先鼓勇，溯迎而上，出没于鲸波万仞中，腾身百变，而旗尾略不沾湿，以此夸能。

江干上下十余里间，珠翠罗绮溢目，车马塞途，饮食百物皆倍穹常时，而僦赁看幕，虽席地不容间也②。

知识加油站

◎ **重点句子**

① 方其远出海门，仅如银线。

译文：当潮远远地从浙江入海口涌起的时候，几乎像一条（横画的）银白色的线。

② 僦赁看幕，虽席地不容间也。

译文：租赁看棚的人（非常多），即使是一席之地也不会空闲。

◎ **诵读点拨**

总观全篇，尽管篇幅不长，但场面热闹、内容丰富，这大大得力于作者善于剪裁、善于描绘的文字功力。朗读时要注意感受钱塘江大潮的雄伟壮观。

助记导图

作品档案

周密（1232—1298年），字公谨，号草窗，又号四水潜夫、弁阳老人、华不注山人，南宋词人、文学家，祖籍济南，流寓吴兴（今浙江湖州）。宋德祐年间为义乌县令，入元隐居不仕。

本篇选自《武林旧事》卷三。《武林旧事》一书系周密于宋亡之后所写，内容主要追记南宋岁时风俗、市井琐细，兼及游观之盛、娱乐之资，相当详备细致；而渗透于其中的，又是一种"恻恻兴亡"的盛衰感慨。

情境默写

① 文中抒写潮水雄伟的句子是"＿＿＿＿＿＿，＿＿＿＿＿＿"。

② 文中描述观潮人数多的句子是"＿＿＿＿＿＿，＿＿＿＿＿＿"。

知识小链接

描写大潮的经典诗词

① 秋风萧瑟，洪波涌起。

——曹操《观沧海》

② 惊涛拍岸，卷起千堆雪。

——苏轼《念奴娇·赤壁怀古》

③ 惊涛来似雪，一座凛生寒。

——孟浩然《与颜钱塘登障楼望潮作》

④ 来疑沧海尽成空，万面鼓声中。

——潘阆《酒泉子·长忆观潮》

虎丘中秋夜

明／张岱

虎丘八月半，土著流寓、士夫眷属、女乐声伎、曲中名妓戏婆、民间少妇好女、崽子娈童①及游冶恶少、清客帮闲、傒僮走空之辈，无不鳞集。自生公台、千人石、鹅涧、剑池、申文定祠，下至试剑石、一二山门，皆铺毡席地坐，登高望之，如雁落平沙，霞铺江上。

天暝月上，鼓吹百十处，大吹大擂，十番铙钹②，渔阳掺挝③，动地翻天，雷轰鼎沸，呼叫不闻。更定，鼓铙渐歇，丝管繁兴，杂以歌唱，皆"锦帆开，澄湖万顷"同场大曲，蹲踏和锣丝竹肉声，不辨拍煞。更深，人渐散去，士夫眷属皆下船水嬉，席席征歌，人人献技，南北杂之，管弦迭奏，听者方辨句字，藻鉴随之。二鼓人静，悉屏管弦，洞箫一缕，哀涩清绵，与肉相引，尚存三四，迭更为之。三鼓，月孤气肃，人皆寂阒④，不杂蚊虻。一夫登场，高坐石上，不箫不拍，声出如丝，裂石穿云，串度抑扬，一字一刻。听者寻入针芥，心血为枯，不敢击节，惟有点头⑤。然此时雁比而坐者，犹存百十人焉。使非苏州，焉讨识者。

知识加油站

◎重点字词

①娈（luán）童：以色相获宠的美貌男子。

②十番铙钹（náo bó）：通常称为十番锣鼓，民间的组合乐器，以吹打乐器为主。

③渔阳掺挝（zhuā）：鼓曲名。

④寂阒（qù）：寂静无声。

◎诵读点拨

张岱之笔犹如摄影机镜头，把虎丘中秋的情景尽收眼底。文章反映了百姓对社会交际的需求和对艺术生活的热爱，朗读时注意不同时间节点的演奏场面的变化。

助记导图

作品档案

张岱（1597—1689年），字宗子，后改字石公，号陶庵，又号蝶庵居士、六休居士，浙江山阴（今浙江绍兴）人。

明代嘉隆以后，民间戏曲艺术活动分外繁盛。每年中秋在苏州虎丘山举行的昆曲大会，是以演剧与唱曲竞赛为娱乐的民间节日。这种曲会从明代中后期至清代中期持续了一二百年。其间，数辈文人有很多咏唱这个节日的诗文，明万历年间诗人袁宏道就曾有《虎丘》一文。这篇文章的作者张岱也有感于大会之盛况，创作了此文。

情境默写

① 文中抒写演艺到了极境的句子是"＿＿＿＿＿＿，＿＿＿＿＿＿。＿＿＿＿＿＿，＿＿＿＿＿＿"。

② 文中描述"演者"踊跃献艺的句子是"＿＿＿＿＿＿，＿＿＿＿＿＿"。

知识小链接

张岱经典诗词（一）

① 林下漏月光，疏疏如残雪。

——《陶庵梦忆》

② 石如滇茶一朵，风雨落之，半入泥土，花瓣棱棱三四层摺，人走其中如蝶入花心，无须不缀也。

——《陶庵梦忆》

③ 年至五十，国破家亡，避迹山居，所存者破床碎几，折鼎病琴，与残书数帙，缺砚一方而已。布衣蔬食，常至断炊。回首二十年前，真如隔世。

——《自为墓志铭》

晚晴

唐 / 李商隐

深居俯夹城①，春去夏犹清。
天意怜幽草，人间重晚晴。
并添高阁迥②，微注③小窗明。
越鸟巢干后，归飞体更轻。

知识加油站

◎ 重点字词

① 夹城：城门外的曲城。

② 并：更。高阁：指诗人居处的楼阁。迥：高远。

③ 微注：因是晚景斜晖，光线显得微弱和柔和，故说"微注"。

◎ 诵读点拨

本诗开篇点明时令,春末夏初。颔联就是千古名句"天意怜幽草,人间重晚晴"。颈联天高地迥;尾联则写出一片明朗欣喜的心境。朗读时注意"前紧后松",应读出逐渐开阔之感。

助记导图

作品档案

李商隐(约813—858年),字义山,号玉溪先生,晚唐著名诗人,和杜牧合称"小李杜"。自开成三年(838年)入赘泾原节度使王茂元(被视为李党)家后,便陷入党争的狭谷,一直遭到牛党的忌恨与排挤。他只得离开长安,跟随郑亚到桂林当幕僚。离开长安这个党争的漩涡,得以暂免时时遭受牛党的白眼,对于精神上也是一种解放。这首诗即是在此背景下写成。

情境默写

诗中展现微小的事物也可以获得喜爱的句子是"＿＿＿＿＿＿＿＿＿＿＿＿，＿＿＿＿＿＿＿＿＿＿＿＿"。

知识小链接

李商隐经典诗句

① 夕阳无限好,只是近黄昏。

——《登乐游原》

② 嫦娥应悔偷灵药，碧海青天夜夜心。

——《嫦娥》

③ 海外徒闻更九州，他生未卜此生休。

——《马嵬》

④ 春蚕到死丝方尽，蜡炬成灰泪始干。

——《无题》

⑤ 君问归期未有期，巴山夜雨涨秋池。

——《夜雨寄北》

蝶恋花·春景

北宋／苏轼

花褪①残红青杏小。燕子飞时，绿水人家绕。枝上柳绵吹又少，天涯何处无芳草！

墙里秋千墙外道。墙外行人，墙里佳人笑。笑渐不闻声渐悄，多情却被无情恼。

知识加油站

◎ **重点字词**

① 花褪：花凋谢。

◎ **诵读点拨**

这首词将伤春之情表达得既深情缠绵又空灵蕴藉，情景交融，哀婉动人。读者在诵读的过程中要注意把握节奏和情感基调。

助记导图

春残之情景
- 春景衰败，花木零落
- 诗人有情，佳人无情

作品档案

苏轼（1037—1101年），字子瞻、和仲，号铁冠道人、东坡居士，世称苏东坡、苏仙，眉州眉山（今四川眉山）人，北宋著名文学家、书法家、画家，历史治水名人。

本词是伤春之作，写春景清新秀丽，景中又有情理，清人王士禛《花草蒙拾》称赞道："'枝上柳绵'，恐屯田（柳永）缘情绮靡未必能过。孰谓坡但解作'大江东去'耶？髯（苏轼）直是轶伦绝群。"这个评价是中肯的。苏轼除写豪放风格的词以外，还写了大量的婉约风格的词。他却总被"无情"所恼，这正说明他对待生活的态度是"不忘情于现实世界"。

情境默写

诗中写不要过于执着一时得失的句子是"＿＿＿＿＿＿＿＿＿＿＿＿，＿＿＿＿＿＿＿＿＿＿"。

知识小链接

苏轼经典诗句（一）

① 十年生死两茫茫，不思量，自难忘。

——《江城子·乙卯正月二十日夜记梦》

② 人生如逆旅，我亦是行人。

——《临江仙·送钱穆父》

③ 休对故人思故国，且将新火试新茶。诗酒趁年华。

——《望江南·超然台作》

④ 竹外桃花三两枝，春江水暖鸭先知。

——《惠崇春江晚景二首·其一》

⑤ 博观而约取，厚积而薄发。

——《稼说送张琥》

秋天的梦

戴望舒

迢遥①的牧女的羊铃，
　摇落了轻的树叶。
秋天的梦是轻的，
　那是窈窕②的牧女之恋。
于是我的梦静静地来了，
　但却载着沉重的昔日。
哦，现在，我有一些寒冷，
　一些寒冷，和一些忧郁。

知识加油站

◎ 重点字词

① 迢遥：形容远。

② 窈窕：窈，深邃，喻女子心灵美；窕，幽美，喻女子仪表美。

◎诵读点拨

本诗韵脚不显，节奏自由。全诗以梦为架构，诵读时应该多用气声，加重其如梦似幻的感觉。

助记导图

作品档案

戴望舒，曾用笔名梦鸥、梦鸥生、信芳、江思等，中国现代派象征主义诗人、翻译家。

《秋天的梦》选自《戴望舒诗集》，创作于民国，主要描述了秋天的景色，语言凝练，形象鲜明，使人读来触景生情。

情境默写

诗中给"虚"的诗歌赋予了"实"的重量的句子是"＿＿＿＿＿＿＿＿＿＿＿＿，＿＿＿＿＿＿＿＿＿＿＿＿"。

知识小链接

戴望舒经典诗句（二）

① 晚云在暮天上散锦，溪水在残日里流金；我瘦长的影子飘在地上，像山间古树底寂寞的幽灵。

——《夕阳下》

② 枯枝在寒风里悲叹，死叶在大道上萎残；雀儿在高唱薤露之歌，一半儿是自伤自感。

——《寒风中闻雀声》

③ 我夜坐听风，昼眠听雨，悟得月如何缺，天如何老。

——《寂寞》

西欧的夏天（节选）

余光中

巴黎的所谓夏天，像是台北的深夜，早晚上街，凉风袭时，一件毛衣还不足御寒。如果你走到塞纳河①边，风力加上水气，更需要一件风衣才行。下午日暖，单衣便够，可是一走到楼影或树荫里，便嫌单衣太薄。地面如此，地下却又不同。巴黎的地车比纽约、伦敦、马德里②的都好，却相当闷热，令人穿不住毛衣。所以地上地下，穿穿脱脱，也颇麻烦。七月在巴黎的街上，行人的衣装，从少女的背心短裤到老妪的厚大衣，四季都有。七月在巴黎，几乎天天都是晴天，有时一连数日碧空无云，入夜后天也不黑下来，只变得深洞洞的暗蓝。巴黎附近无山，城中少见高楼，城北的蒙马特也只是一个矮丘，太阳要到九点半才落到地平线上，更显得昼长夜短，有用不完的下午。不过晴天也会突来霹雳：七月十四日法国国庆那天上午，密特朗总统在香榭里榭大道主持阅兵盛典，就忽来一阵大雨，淋得总统和军乐队狼狈不堪。电视的观众看得见雨气之中，乐队长的指挥杖竟失手落地，连忙俯身拾起。

知识加油站

◎ **重点字词**

① 塞纳河：塞纳河是法国北部大河，全长776.6千米，包括支流在内的流域

总面积为 78 700 平方千米；它是欧洲有历史意义的大河之一。

② 马德里：马德里（西班牙语：Madrid）是西班牙首都及最大都市。

助记导图

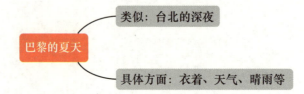

作品档案

20世纪80年代后，余光中开始认识到自己民族居住的地方对创作的重要性，把诗笔"伸回那块大陆"，写了许多动情的乡愁诗，对乡土文学的态度也由反对变为亲切，显示了由西方回归东方的明显轨迹。

《西欧的夏天》是余光中在1985年写就的散文，其文内容虽然描绘的是欧洲大陆的景色，却时时回望东方的故乡。

情境默写

文中描写巴黎夏天和台北夜晚相似的句子是"＿＿＿＿＿＿＿＿＿＿＿＿＿＿＿＿＿＿＿＿＿＿"。

知识小链接

描写夏天的经典诗句

① 力尽不知热，但惜夏日长。

——白居易《观刈麦》

② 首夏犹清和，芳草亦未歇。

——谢灵运《游赤石进帆海》

③ 仲夏苦夜短,开轩纳微凉。

——杜甫《夏夜叹》

④ 农夫方夏耘,安坐吾敢食。

——戴复古《大热》

⑤ 人皆苦炎热,我爱夏日长。

——李昂《夏日联句》

雪

鲁迅

  暖国的雨,向来没有变过冰冷的坚硬的灿烂的雪花。博识的人们觉得他单调,他自己也以为不幸否耶?江南的雪,可是滋润美艳之至了;那是还在隐约着的青春的消息,是极壮健的处子的皮肤。雪野中有血红的宝珠山茶,白中隐青的单瓣梅花,深黄的磬口的腊梅花;雪下面还有冷绿的杂草。胡蝶①确乎没有;蜜蜂是否来采山茶花和梅花的蜜,我可记不真切了。但我的眼前仿佛看见冬花开在雪野中,有许多蜜蜂们忙碌地飞着,也听得他们嗡嗡地闹着。

  孩子们呵着冻得通红,像紫芽姜一般的小手,七八个一齐来塑雪罗汉。因为不成功,谁的父亲也来帮忙了。罗汉就塑得比孩子们高得多,虽然不过是上小下大的一堆,终于分不清是壶卢②还是罗汉;然而很洁白,很明艳,以自身的滋润相粘结,整个地闪闪地生光。孩子们用龙眼核给他做眼珠,又从谁的母亲的脂粉奁③中偷得胭脂来涂在嘴唇上。这回确是一个大阿罗汉了。他也就目光灼灼地嘴唇通红地坐在雪地里。

  第二天还有几个孩子来访问他;对了他拍手,点头,嘻笑。但他终于独自坐着了。晴天又来消释他的皮肤,寒夜又使他结一层冰,化作不透明的模样;连续

的晴天又使他成为不知道算什么,而嘴上的胭脂也褪尽了。

但是,朔方⑤的雪花在纷飞之后,却永远如粉,如沙,他们决不粘连,撒在屋上,地上,枯草上,就是这样。屋上的雪是早已就有消化了的,因为屋里居人的火的温热。别的,在晴天之下,旋风忽来,便蓬勃地奋飞,在日光中灿灿地生光,如包藏火焰的大雾,旋转而且升腾,弥漫太空;使太空旋转而且升腾地闪烁。

在无边的旷野上,在凛冽的天宇⑥下,闪闪地旋转升腾着的是雨的精魂……

是的,那是孤独的雪,是死掉的雨,是雨的精魂。

一九二五年一月十八日

知识加油站

◎ **重点字词**

① 胡蝶:同蝴蝶。

② 壶卢:同葫芦。

③ 脂粉奁(lián):装胭脂和香粉的盒子,化妆盒的古代称谓。(脂粉:胭脂和香粉,均为化妆品。奁:盒子。)

④ 大阿罗汉:是对佛陀的尊称,此处借指佛陀的形象。

⑤ 朔方(shuò fāng):北方。

⑥ 天宇:这里指天空。宇,上下四方。

助记导图

作品档案

毛泽东曾评价:"鲁迅的方向,就是中华民族新文化的方向。"《雪》写于1925年,正值不平凡的年代。南方的革命形势蓬勃发展,可谓春暖花开,然而北方还处于一片寒冬之中。面对黑暗的现实与冷酷的季节,鲁迅将自己的心境写入文中,以彻底的革命民主主义战士的精神,去寻求"革命的破坏者",去争取理想的春天。

情境默写

描述雪和雨之间关系的语句是:"＿＿＿＿＿＿＿＿,＿＿＿＿＿＿＿＿,＿＿＿＿＿＿＿＿"。

知识小链接

描写冬天的经典诗句(一)

① 冬天到了,春天还会远吗?

——雪莱《西风颂》

② 冰冻三尺,非一日之寒。

——王充《论衡·状留篇》

③ 冬日可爱,夏日可畏。

——左丘明《左传·文公七年》

④ 岁寒,然后知松柏之后凋也。

——《论语·子罕》

满井游记

明 / 袁宏道

燕地寒，花朝节后，余寒犹厉。冻风时作，作则飞沙走砾。局促一室之内，欲出不得。每冒风驰行，未百步辄返。

廿二日天稍和，偕数友出东直，至满井。高柳夹堤，土膏微润，一望空阔，若脱笼之鹄。于时冰皮始解，波色乍明，鳞浪层层，清澈见底，晶晶然如镜之新开而冷光之乍出于匣也。山峦为晴雪所洗，娟然如拭，鲜妍明媚，如倩女之靧面而髻鬟之始掠也。柳条将舒未舒，柔梢披风，麦田浅鬣寸许。游人虽未盛，泉而茗者，罍而歌者，红装而蹇者，亦时时有。风力虽尚劲，然徒步则汗出浃背。凡曝沙之鸟，呷浪之鳞，悠然自得，毛羽鳞鬣之间皆有喜气。始知郊田之外未始无春，而城居者未之知也。

夫不能以游堕事而潇然于山石草木之间者，惟此官也。而此地适与余近，余之游将自此始，恶能无纪？己亥之二月也。

知识加油站

◎重点句子

夫 / 不能以游堕事 / 而潇然于 / 山石草木之间者，惟此官也。

译文：不会因为游玩而耽误公事，能无拘无束潇洒地在山石草木之间游玩的，只有我这种清闲的官了吧。

◎诵读点拨

此文在语言上以散句为主，整体风格轻松愉快。具体来说，作者情绪随着游览景色的逐渐深入而从开始时的平稳到后来的愉悦，读者可在朗读时有所体现。如第一段朗读时应以平静为主；到了第二段，早春的美丽景色一一呈现，应加快语速，提高声调，读出惊喜之情。

助记导图

作品档案

袁宏道（1568—1610年），字中郎，一字无学，号石公，又号六休，湖北公安人，万历十九年（1591年）进士，历任吴县知县、礼部主事、吏部验封司主事、稽勋郎中、国子博士等职。袁宏道是明代文学反对复古运动主将，提出"独抒性灵，不拘格套"的性灵说。他与其兄袁宗道、弟袁中道并有才名，史称公安三袁，由于三袁是湖北公安人，因此其文学流派世称"公安派"或"公安体"。世人认为袁宏道是三兄弟中成就最高者。

情境默写

① 文中描写初春河流破冰时的句子是"＿＿＿＿＿＿＿＿＿＿＿＿＿＿＿＿＿＿＿＿＿＿＿＿＿＿＿＿＿＿＿＿＿＿＿＿＿＿＿"。

② 文中描述山峦冰雪消融的句子是"＿＿＿＿＿＿＿＿＿＿＿＿＿＿＿＿＿＿＿＿＿＿＿＿＿＿＿＿＿＿＿＿＿＿＿＿＿＿＿"。

③ 文中描写飞鸟悠然自得的句子是"＿＿＿＿＿＿＿＿＿＿＿＿＿＿＿＿＿＿＿＿＿＿＿＿＿＿＿＿＿＿＿＿＿＿＿＿＿＿＿"。

④ 文中写出自己内心恬然自适的句子是"＿＿＿＿＿＿＿＿＿＿＿＿＿＿＿＿＿＿＿＿＿＿＿＿＿＿＿＿＿＿＿＿＿＿＿＿＿＿＿"。

知识小链接

袁宏道经典诗词

① 旧人百宛顺，不若新人骂。死若可回君，待君以长夜。

——《妾薄命》

② 桃花春水满江头，独拥佳人翡翠楼。

——《江上·其一》

③ 髯公近日作诗否？若不作诗，何以谴此寂寞日子？

——《致李子髯》

④ 昨日树头花，今朝陌上土。恨血与啼魂，一半逐风雨。

——《西泠桥》

⑤ 情至之语，自能感人。

——《叙小修诗》

猪肉颂

北宋 / 苏轼

净洗铛，少著水，柴头①罨②烟焰不起。待他自熟莫催他，火候足时他自美。黄州好猪肉，价贱如泥土。贵者不肯吃，贫者不解煮，早晨起来打两碗，饱得自家君莫管。

知识加油站

◎ **重点字词**

① 柴头：柴禾，做燃料用的柴木、杂草等。

② 罨（yǎn）：掩盖，掩覆。

◎ **诵读点拨**

这篇文章极具生活气息，用词通俗浅显，语言骈散结合，诵读时用平时的语调即可。

助记导图

作品档案

"东坡肉"起源于苏轼被贬黄州时，当地百姓逢年过节有吃红烧肉的传统。为此苏轼写有《猪肉颂》一词。

情境默写

① 文中写穷人富人都不会吃红烧肉的句子是"＿＿＿＿＿＿＿＿＿＿，＿＿＿＿＿＿＿＿＿＿＿＿＿＿"。

> **知识小链接**
>
> ### 苏轼经典诗句（二）
>
> ① 不识庐山真面目，只缘身在此山中。
>
> ——《题西林壁》
>
> ② 若言琴上有琴声，放在匣中何不鸣？
>
> ——《琴诗》
>
> ③ 长恨此身非我有，何时忘却营营。
>
> ——《临江仙·夜饮东坡醒复醉》
>
> ④ 一别都门三改火，天涯踏尽红尘。
>
> ——《临江仙·送钱穆父》
>
> ⑤ 此生此夜不长好，明月明年何处看。
>
> ——《阳关曲·中秋月》

沁园春·洞庭春色

南宋 / 陆游

壮岁文章，暮年勋业，自昔误人。算英雄成败，轩裳①得失，难如人意，空丧天真②。请看邯郸当日梦，待炊罢黄粱徐欠伸。方知道，许多时富贵，何处关身。

人间定无可意，怎换得、玉鲙丝莼。且钓竿渔艇，笔床茶灶，闲听荷雨，一洗衣尘。洛水秦关千古后，尚棘暗铜驼空怆神。何须更，慕封侯定远，图像麒麟③。

知识加油站

◎ 重点字词

① 轩裳：出自《庄子·缮性》："古之所谓得志者，非轩冕之谓也，谓其无以益其乐而已矣。今之所谓得志者，轩冕之谓也。轩冕在身，非性命也。"

② 丧天真：出自李白《古风五十九首》："一曲斐然子，雕虫丧天真。"

③ 图像麒麟：出自《汉书·苏武传》："甘露三年，单于始入朝。上思股肱之美，乃图画其人于麒麟阁，法其形貌，署其官爵姓名……凡十一人，皆有传。"麒麟阁，在汉未央宫中。

◎ 诵读点拨

本词忧国忧民和忠心报国的情感非常明显，全词因为所用典故的关系，显得大气恢宏，即使有悲，也是"悲壮"，而非"悲伤"。诵读时要特别注意。

助记导图

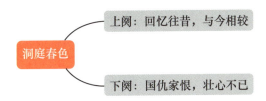

作品档案

八百里洞庭，湖光山色，鸟飞鱼跃，一向是文人墨客吟咏的对象，也是隐士们向往的归隐之地。淳熙十五年（1188年），光宗即位，陆游改任朝议大夫礼部郎中。于是他连上奏章，谏劝朝廷减轻赋税，结果反遭弹劾，以"嘲咏风月"的罪名再度罢官。此后，陆游长期蛰居农村。词人咏洞庭美景，融入的是忧国忧民和忠心报国的精神。

情境默写

文中展现美味妙不可言的句子是"＿＿＿＿＿＿，＿＿＿＿＿＿"。

> **知识小链接**
>
> 鲈鱼又称花鲈、寨花、鲈板、四肋鱼等，俗称鲈鲛，与黄河鲤鱼、鳜鱼及黑龙江兴凯湖大白鱼并列为"中国四大淡水名鱼"。中国的鲈鱼品种以松江鲈为主，又名四腮鲈鱼，也称虎头鱼。鲈鱼肉质洁白肥嫩，细刺少、无腥味，味极鲜美，富含丰富的蛋白质和维生素，可入药，是一种极其珍贵的补品。

便条

美／威廉·卡洛斯·威廉姆斯

我吃了

放在

冰箱里的

梅子

它们

可能是你

留着

早餐吃的

请原谅我

它们太好吃了

又甜

又凉

知识加油站

◎诵读点拨

这是美国诗人威廉姆斯的游戏之作,将一张便条分行书写而为诗。完全凭直感,具有口语化倾向和随意、轻盈的特质,是卸掉诗歌众多的承载之后出现的现代诗歌的一种小倾向。

助记导图

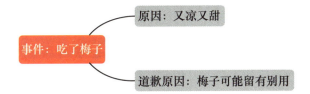

作品档案

威廉·卡洛斯·威廉姆斯(1883—1963年),出生于美国新泽西州鲁瑟福德城的一个商人家庭,是美国著名意象派诗人。在他少年时期随同母亲和哥哥去往欧洲生活。1902年他考入宾夕法尼亚大学,结识了埃兹拉·庞德和希尔达·杜利特尔,这段友谊给了他诗歌创作的激情。

本诗可以视为现代诗人的一种语言练习,正如几笔潦草的素描,正符合美国意象派诗歌的特点。

情境默写

诗中描绘梅子美味的句子是"_____"。

知识小链接

梅子，别称青梅，属蔷薇科，是果梅树结的果，但是人们通常观赏的梅花是另外几种梅。梅子是落叶乔木，花呈红、粉红或白色，盛开于冬春寒冷季节。果实球形，多加工为食品。果梅为蔷薇科杏属梅植物，亦称梅子、酸梅，原产中国，是亚热带特产果树。

食道旧寻（节选）

——《学人谈吃》序

汪曾祺

《学人谈吃》，我觉得这个书名有点讽刺意味。学人是会吃，且善于谈吃的。中国的饮食艺术源远流长，千年不坠，和学人的著述是有关系的。现存的古典食谱，大都是学人的手笔。但是学人一般比较穷，他们爱谈吃，但是不大吃得起。

抗日战争以前，学人的生活相当优裕，大学教授一个月可以拿到三四百元，有的教授家里是有厨子的。抗战以后，学人生活一落千丈。我认识一些学人正是在抗战以后。我读的大学是西南联大，西南联大是名教授荟萃的学府。这些教授肚子里有学问，却少油水。昆明的一些名菜，如"培养正气"的汽锅鸡、东月楼的锅贴乌鱼、映时春的油淋鸡、新亚饭店的过油肘子、小西门马家牛肉馆的牛肉、甬道街的红烧鸡……能够偶尔一吃的，倒是一些"准学人"——学生或助教。这些准学人两肩担一口，无牵无挂，有一点钱——那时的大学生大都在校外兼职，教中学、当家庭教师、做会计……不时有微薄的薪水，多是三朋四友，一顿吃光。教授们有家，有妻儿老小，当然不能这样的放诞。有一位名教授，外号"二云居士"，谓其所嗜之物为云土与云腿，我想这不可靠。走进大西门外凤翥①街的本地馆子里，一屁股坐下来，毫不犹豫地先叫一盘"金钱片腿"的，只有赶马的马锅头，而教授只能看看。唐立厂（兰）先生爱吃干巴菌，这东西是不贵的，但必须有瘦肉、青辣椒同炒，而且过了雨季，鲜干巴菌就没有了，唐先生也不能老吃。沈从文先生经常在米线店就餐，巴金同志的《怀念从文》中提到："我还记得在昆明一家小饮食店里几次同他相遇，一两碗米线作为晚餐，有西红柿，还有鸡蛋，我们就满足了。"这家米线店在文林街他的宿舍对面，我就陪沈先生吃过多次米线。文林街上除了米线店，还有两家卖牛肉面的小馆子。西边那一家有一位常客，是吴雨僧先生，他几乎每天都来。老板和他很熟，也对他很尊敬。那时物价以惊人的速度飞涨，牛肉面也随时要涨价。每涨一次价，老板都得征求吴先生的同意。吴先生听了老板的陈述，认为有理，就用一张红纸，毛笔正楷，写一张新订的价目表，贴在墙上。穷虽穷，不废风雅。云南大学成立了一个曲社，定期举行"同期"。参加拍曲的有陶重华（光）、张宗和、孙凤竹、崔芝兰、沈有鼎、吴征镒[2]诸先生，还有一位在民航公司供职的许茹香老先生。"同期"后多半要聚一次餐。所谓"聚餐"，是到翠湖边一家小铺去吃一顿馅儿饼，费用公摊。不到吃完，账已经算得一清二楚，谁该多少钱。掌柜的直纳闷，怎么算得这么快？他不知道算账的是许宝先生。许先生是数论专家，这点小九九还在话下！许家是昆曲世家，他的曲子唱得细致规矩是不难理解的，从本书俞平伯先生文中，我才知道他的字也写得很好。昆明的学人清贫如此，重庆、成都的学人也好不到哪里去。我在观音寺一中学教书时，于金启华先生壁间见到胡小石先生写给他的一条字，是胡先生自作的有点打油味道的诗。全诗已忘，前面说广文先生如何如何，有一句我是一直记得的："斋钟顿顿牛皮菜。"牛皮菜即莙荙菜[3]，茎叶可炒食或做汤，北方叫作"根头菜"，也还不太难吃，但是顿顿吃牛皮菜，是会叫人"嘴里淡出鸟来"的！

知识加油站

◎ **重点字词**

① 翥（zhù）：翥的本义是"家养鸟的放飞"。

② 吴征镒：江苏扬州人，植物学家，中国科学院资深院士。

③ 莙荙菜：即甜菜。

晨读时光

助记导图

作品档案

汪曾祺（1920—1997年），当代著名小说家、散文家、戏剧家，文学家中的美食家，美食家中的生活家，生活家中的士大夫。他被誉为"抒情的人道主义者""纯粹的文人""士大夫"。其文章朴实平淡，有空山新雨后的清新之味，深得自然之意趣，往往于不经意中渗出人性的美好与诗意的享受。让人拿得起，放不下，久读成瘾。

本文是汪曾祺《人间至味》中的一篇。其中记录国立西南联合大学几位著名教授关于"吃"的逸事，至今读来，依然能感受到这些大师的音容笑貌。

情境默写

作者写对牛皮菜味道的评价的句子是"＿＿＿＿＿＿＿＿＿＿＿＿＿＿＿＿＿＿＿＿＿＿＿＿"。

知识小链接

汪曾祺主要作品

①《人间草木》：汪曾祺的闲适美文。静下心来，才能发现生活之美。

②《人间至味》：汪曾祺的美食散文。一花一叶皆有情，一茶一饭过一生。

③《受戒》：汪曾祺的诗意小说。以诗意的文字，讲述诗意的生活。

④《大淖记事》：汪曾祺的乡土小说。展示一个似水若云、如诗似画的纯美世界。

论语·乡党（节选）

食不厌精，脍不厌细。食饐而餲，鱼馁而肉败，不食。色恶，不食。臭恶，不食。失饪，不食。不时，不食。割不正，不食。不得其酱，不食。肉虽多，不使胜食气。惟酒无量，不及乱。沽酒市脯，不食。不撤姜食，不多食。

知识加油站

◎ **重点句子**

食饐／而餲，鱼馁／而肉败，不食。

译文：粮食陈旧和变味了，鱼和肉腐烂了，都不吃。

◎ **诵读点拨**

《论语》是语录体，所以语言偏向口语化，但是此文部分句子对仗工整，体现了孔子的学养。诵读时也应该注意，既读出孔子的风度，又要体现口语的连贯性。

助记导图

作品档案

《论语》，是孔子弟子及再传弟子记录孔子弟子言行而编成的语录文集。孔子（公元前551—公元前479年），名丘，字仲尼，鲁国陬邑（今山东曲阜）人，祖籍宋国栗邑（今河南夏邑），中国古代思想家、政治家、教育家，儒家学派创始人。本文记述了孔子的衣着和饮食习惯。孔子对"礼"的遵循，不仅表现在与

国君和大夫们见面时的言谈举止和仪式上，还表现在吃的方面，"食不厌精，脍不厌细"。

情境默写

① 文中描写食物处理和保存要点的句子是"＿＿＿＿＿＿＿＿＿＿＿＿＿＿＿＿＿＿＿＿＿＿＿＿＿＿＿＿"。

② 文中著名的"六不食"句子是"＿＿＿＿＿＿＿＿＿＿＿＿＿＿＿＿＿＿＿＿＿＿＿＿＿＿＿＿"。

知识小链接

《论语》经典名句

① 成事不说，遂事不谏，既往不咎。

② 益者三友，损者三友。友直，友谅，友多闻，益矣。

③ 君子固而不比，小人比而不周。

④ 不在其位，不谋其政。

⑤ 君子坦荡荡，小人长戚戚。

湖心亭看雪

清 / 张岱

崇祯五年十二月，余住西湖。大雪三日，湖中人鸟声俱绝。是日更定矣，余拏一小舟，拥毳衣炉火，独往湖心亭看雪。雾凇沆砀，天与云与山与水，上下一白。湖上影子，惟长堤一痕、湖心亭一点、与余舟一芥，舟中人两三粒而已。

到亭上，有两人铺毡对坐，一童子烧酒炉正沸。见余，大喜曰："湖中焉得更有此人！"拉余同饮。余强饮三大白而别。问其姓氏，是金陵人，客此。及下船，舟子喃喃曰："莫说相公痴，更有痴似相公者！"

知识加油站

◎ **重点句子**

莫说相公痴，更有/痴似相公者！

译文：不要说相公您痴，还有跟相公您一样痴的人啊！

◎ **诵读点拨**

通过写湖心亭赏雪遇到知己的事，表现了作者孤独寂寞的心境和淡淡的愁绪。突出了作者遗世独立、卓然不群的高雅情趣，表达了作者遇到知己的喜悦与分别时的惋惜，体现出作者的故国之思。诵读时，要注意抑扬顿挫，并且多用气声。

助记导图

作品档案

张岱，祖籍四川绵竹（故自称"蜀人"），明清之际史学家、文学家。

《湖心亭看雪》用清新淡雅的笔墨，描绘了雪后西湖宁静清绝的景象，表现了游湖人的雅趣和作者的志趣，同时，含蓄地表达了作者对故国（明朝）的怀念之情。读来觉得这简直不是文章，而纯粹是孤独者与孤独者的感通，孤独者与天地的感通，因为作者把很多会于心的东西流于言外，用旷达和幽静共同酿制了一种近乎纯美的意境。

情境默写

文中描写湖心雪景的句子是:"_____
_____"。

知识小链接

张岱经典诗词（二）

① 人无癖不可与交，以其无深情也；人无痴不可与交，以其无真气也。

——《陶庵梦忆》

② 天下之看灯者，看灯灯外；看烟火者，看烟火烟火外。

——《陶庵梦忆》

③ 想余生平，繁华靡丽，过眼皆空，五十年来，总成一梦。

——《陶庵梦忆》

眼有星辰心有月

第四单元

单元导读

古往今来，文学的国度里世间之景与物有着重要的地位，它们赋予作品独特的精神情感。

日月星辰，山川大海，生灵万物……都可以成为文人笔下描摹的对象，都可以化为千帆境遇、万般情思，成为寄托感情的存在。它们可以是"野旷沙岸净，天高秋月明"的萧瑟幽远，可以是庄周梦蝶"自喻适志与！不知周也"的绝对自由，也可以是"惟江上之清风，与山间之明月，耳得之而为声，目遇之而成色"的豁达超脱……

毕淑敏曾说："我是由无数星辰日月草木山川的精华汇聚而成的……"天人合一的情怀，成就了和谐的世界，也成就了文学史上许多美丽的篇章。愿我们眼有星辰心有月，听鸟鸣虫吟，看雨过花影，从容品尝生命的澎湃与宁静。

一、植物

赏牡丹

唐 / 刘禹锡

庭前芍药①妖无格，
池上芙蕖②净少情。
唯有牡丹真国色③，
花开时节动京城。

知识加油站

◎ 重点字词

① 庭前芍药：喻指宦官、权贵。
② 芙蕖（qú）：荷花的别名。
③ 国色：倾国倾城之美色。此指牡丹富贵美艳、仪态万千。

助记导图

作品档案

刘禹锡（772—842年），唐代文学家、哲学家。字梦得，河南洛阳人，世称刘宾客。其诗通俗清新，善用比兴手法寄托政治内容。《竹枝词》《柳枝词》和

《插田歌》等诗，富有民歌特色，为唐诗中别开生面之作。另外，刘禹锡还著有《刘梦得文集》。

情境默写

诗中衬托牡丹之高标格和富于情韵之美，使牡丹兼具妖、净、格、情四种资质，可谓花中之最美者的句子是"_____"。

知识小链接

刘禹锡经典诗句

① 山不在高，有仙则名。水不在深，有龙则灵。

——《陋室铭》

② 怀旧空吟闻笛赋，到乡翻似烂柯人。

——《酬乐天扬州初逢席上见赠》

③ 晴空一鹤排云上，便引诗情到碧霄。

——《秋词》

④ 千淘万漉虽辛苦，吹尽狂沙始到金。

——《浪淘沙·莫道谗言如浪深》

⑤ 旧时王谢堂前燕，飞入寻常百姓家。

——《乌衣巷》

鹧鸪天·桂花

宋/李清照

暗淡轻黄体性柔，情疏迹远只香留。何须浅碧深红色，自是花中第一流。

梅定妒，菊应羞，画栏开处冠中秋。骚人可煞无情思①，何事②当年不见收。

知识加油站

◎ 重点字词

① 骚人可煞无情思：取意于陈与义《清平乐·木犀》中"楚人未识孤妍，离骚遗恨千年"之句意。"骚人""楚人"均指屈原。可煞：疑问词，犹可是。情思：情意。

② 何事：为何。

助记导图

群花作衬，梅花作比——表达了词人对桂花的由衷赞美。

作品档案

李清照（1084—约1155年），宋代女词人，号易安居士，齐州章丘（今山东章丘西北）人。李清照所作的词，前期多写其悠闲生活，后期多悲叹身世，情调感伤，也流露出对中原的怀念；形式上善用白描手法，自辟途径，语言清丽；论词强调协律，崇尚典雅情致，提出词"别是一家"之说，反对以诗文之法作词。她著有《易安居士文集》《易安词》，已散佚。

情境默写

文中写桂花独特风韵的句子是"＿＿＿＿＿＿，＿＿＿＿＿＿＿"。

> **知识小链接**
>
> ### 李清照经典诗词
>
> ① 生当作人杰，死亦为鬼雄。
>
> ——《夏日绝句》
>
> ② 物是人非事事休，欲语泪先流。
>
> ——《武陵春·春晚》
>
> ③ 寻寻觅觅，冷冷清清，凄凄惨惨戚戚。
>
> ——《声声慢·寻寻觅觅》
>
> ④ 不如随分尊前醉，莫负东篱菊蕊黄。
>
> ——《鹧鸪天·寒日萧萧上锁窗》
>
> ⑤ 花自飘零水自流，一种相思，两处闲愁。
>
> ——《一剪梅·红藕香残玉簟秋》

墙头草

卞之琳

五点钟贴一角夕阳
六点钟挂半轮灯光
想有人把所有的日子
就过在做做梦，看看墙
墙头草长了又黄了①

知识加油站

◎重点句子

① 墙头草长了又黄了。

解读：以墙头草的兴荣枯败来象征生命的流变，感叹人生的易逝。

助记导图

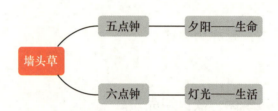

作品档案

卞之琳（1910—2000年），现当代诗人（"汉园三诗人"之一）、文学评论家、翻译家，曾用笔名季陵、薛林等。他被公认为新文化运动中新月派和现代派的代表诗人。《断章》是他不朽的代表作。

情境默写

诗中最能表现作者对迟暮和生命交替无奈而又淡泊的感兴句子是"_____"。

知识小链接

新月派：现代新诗史上一个重要的诗歌流派，受泰戈尔《新月集》影响。该诗派大体上以1927年为界，分成前后两个时期。前期自1926年春始，以北京的《晨报副刊·诗镌》为阵地，主要成员有闻一多、徐志摩、朱湘、饶孟侃、孙大雨等。1927年春，胡适、徐志摩、闻一多、梁实秋等人创办新月书店，次年又创办《新月》月刊，"新月派"的主要活动转移到上海，这是后期新月派。它以《新月》月刊和1930年创刊的《诗刊》季刊为主要阵地，新加入的成员有陈梦家、方玮德、卞之琳等。

黄山绝壁松

冯骥才

黄山以石奇、云奇、松奇名绝天下。然而登上黄山，给我震动的是黄山松。

黄山之松布满黄山。由深深的山谷至大大小小的山顶，无处无松。可是我说的松只是山上的松。

山上有名气的松树颇多。如迎客松、望客松、黑虎松、连理松等等，都是游客们争相拍照的对象。但我说的不是这些名松，而是那些生在极顶和绝壁上不知名的野松。

黄山全是石峰。裸露的巨石侧立千仞，光秃秃没有土壤，尤其那些极高的地方，天寒风疾，草木不生，苍鹰也不去那里，一棵棵松树却破石而出，伸展着优美而碧绿的长臂，显示其独具的气质。世人赞叹它们独绝的姿容，很少去想在终年的烈日下或寒风中，它们是怎样存活和生长的？

一位本地人告诉我，这些生长在石缝里的松树，根部能够分泌一种酸性的物质，腐蚀石头的表面，使其化为养分被自己吸收。为了从石头里寻觅生机，也为了牢牢抓住绝壁，以抵抗不期而至的狂风的撕扯与摧折，它们的根日日夜夜与石头搏斗着，最终不可思议地穿入坚如钢铁的石体。细心便能看到，这些松根在生长和壮大时常常把石头从中挣裂！还有什么树木有如此顽强的生命力？

我在迎客松后边的山崖上仰望一处绝壁，看到一条长长的石缝里生着一株幼小的松树。它高不及一米，却旺盛而又有活力。显然曾有一颗松子飞落到这里，在这冰冷的石缝间，什么养料也没有，它却奇迹般生根发芽，生长起来。如此幼小的树也能这般顽强？这力量是来自物种本身，还是在一代代松树坎坷的命运中磨砺出来的？我想，一定是后者。我发现，山上之松与山下之松很不一样。那些密密实实拥挤在温暖的山谷中的松树，干直枝肥，针叶鲜碧，慵懒而富态；而这些山顶上的绝壁松却是枝干瘦硬，树叶黑绿，矫健又强悍。这绝壁之松是被恶劣与凶险的环境强化出来的。它强劲和富于弹性的树干，是长期与风雨搏斗的

晨读时光

结果；它远远地伸出的枝叶是为了更多地吸取阳光……这一代代的艰辛的生存记忆，已经化为一种个性基因，潜入绝壁松的骨头里。为此，它们才有着如此非凡的性格与精神。

它们站立在所有人迹罕至的地方。那些荒峰野岭的极顶，那些下临万丈的悬崖峭壁，那些凶险莫测的绝境，常常可以看到三两棵甚至只有一棵孤松，十分夺目地立在那里。它们彼此姿态各异，也神情各异，或英武，或肃穆，或孤傲，或寂寞。远远望着它们，会心生敬意；但它们——只有站在这些高不可攀的地方，才能真正看到天地的浩荡与博大。

于是，在大雪纷飞中，在夕阳残照里，在风狂雨骤间，在云烟明灭时，这些绝壁松都像一个个活着的人；像站立在船头镇定又从容地与激浪搏斗的艄公，战场上永不倒的英雄，沉静的思想者，超逸又具风骨的文人……在一片光亮晴空的映衬下，它们的身影就如同用浓墨画上去的一样。

但是，别以为它们全像画中的松树那么漂亮。有的枝干被狂风吹折，暴露着断枝残干，但另一些枝叶仍很苍郁；有的被酷热与冰寒打败，只剩下赤裸的枯骸，却依旧尊严地挺立在绝壁之上。于是，一个强者应当有的品质——刚强、坚韧、适应、忍耐、奋取与自信，它全都具备。

现在可以说了，在黄山这些名绝天下的奇石奇云奇松中，石是山的体魄，云是山的情感，而松——绝壁之松是黄山的灵魂①。

知识加油站

◎**重点句子**

① 绝壁之松是黄山的灵魂。

解读：因为它们在与恶劣环境抗争的过程中表现出顽强的生命力，在坎坷的命运中磨砺出一个强者应当有的品质——刚强、坚韧、适应、忍耐、奋取与自信。

助记导图

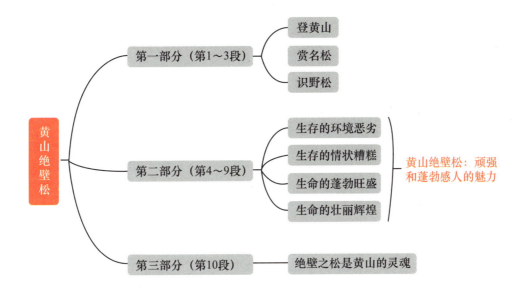

作品档案

冯骥才，1942年生，浙江宁波人，当代著名作家、文学家、艺术家，民间艺术抢救工作者。冯骥才现任中国文学艺术界联合会执行副主席，中国文学艺术联合会副主席，中国小说学会会长，中国民间文艺家协会主席，天津大学冯骥才文学艺术研究院院长，《文学自由谈》杂志和《艺术家》杂志主编，并任中国民主促进会中央副主席，全国政协常委等职。

情境默写

根据语境，在第8段中"像站立在船头镇定又从容地与激浪搏斗的艄公，战场上永不倒的英雄，沉静的思想者，超逸又具风骨的文人……"仿写两个比喻句。

> **知识小链接**
>
> ### 写松树的经典诗句
>
> ① 有松百尺大十围，生在涧底寒且卑。
>
> ——白居易《涧底松》
>
> ② 修条拂层汉，密叶障天浔。凌风知劲节，负雪见贞心。
>
> ——范云《咏寒松诗》
>
> ③ 大雪压青松，青松挺且直。
>
> ——陈毅《青松》
>
> ④ 云海脚下流，苍松石上生。
>
> ——丰子恺《登天都》

病梅馆记

清 / 龚自珍

江宁之龙蟠，苏州之邓尉，杭州之西溪，皆产梅。或曰："梅以曲为美，直则无姿；以欹为美，正则无景；以疏为美，密则无态。"固也。此文人画士，心知其意，未可明诏大号以绳天下之梅也；又不可以使天下之民斫直，删密，锄正，以夭梅病梅为业以求钱也①。梅之欹之疏之曲，又非蠢蠢求钱之民能以其智力为也。有以文人画士孤癖之隐明告鬻梅者，斫其正，养其旁条，删其密，夭其稚枝，锄其直，遏其生气，以求重价，而江浙之梅皆病。文人画士之祸之烈至此哉！

予购三百盆，皆病者，无一完者。既泣之三日，乃誓疗之：纵之顺之，毁其盆，悉埋于地，解其棕缚；以五年为期，必复之全之。予本非文人画士，甘受诟厉，辟病梅之馆以贮之。

呜呼！安得使予多暇日，又多闲田，以广贮江宁、杭州、苏州之病梅，穷予生之光阴以疗梅也哉！

知识加油站

◎ 重点句子

① 以夭梅病梅为业以求钱也。

译文：把枝干摧折、使梅花呈病态作为职业来谋求钱财。

助记导图

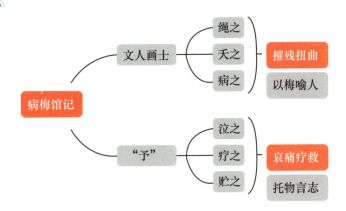

作品档案

龚自珍（1792—1841年），清代思想家、文学家及改良主义的先驱者。他27岁中举人，38岁中进士，48岁辞官南归，1841年暴卒于江苏丹阳云阳书院。他著有《定庵文集》，留存文章300余篇，诗词近800首，今人辑为《龚自珍全集》。他的著名诗作《己亥杂诗》共350首。

情境默写

文中作者痛呼要为江浙之病梅，以五年为期，"＿＿＿＿＿＿"，在作者的《己亥杂诗》中亦大声疾呼"＿＿＿＿＿＿，＿＿＿＿＿＿"。

> **知识小链接**
>
> ### 龚自珍经典诗句
>
> ① 落红不是无情物，化作春泥更护花。
>
> ——《己亥杂诗·其五》
>
> ② 我劝天公重抖擞，不拘一格降人才。
>
> ——《己亥杂诗·其二百二十》
>
> ③ 一箫一剑平生意，负尽狂名十五年。
>
> ——《漫感》
>
> ④ 人天无据，被侬留得香魂住。如梦如烟，枝上花开又十年！十年千里，风痕雨点斓斑里。莫怪怜他，身世依然是落花。
>
> ——《减字木兰花·偶检丛纸中》

白马

唐／杜甫

白马东北来，空鞍贯双箭。
可怜马上郎，意气今谁见。
近时主将戮，中夜商於战①。
丧乱死多门，呜呼泪如霰。

知识加油站

◎ **重点句子**

① 近时／主将戮，中夜／伤於战。

解读："中夜"即诗人见白马不眠之夜，"商於"二字，作者原文可能是"伤于"二字，与后文"丧乱死多门"一语相承而起，全文意脉通达。

◎ **诵读点拨**

本诗为五言诗，诵读时按照音节"二三"格式断句。

助记导图

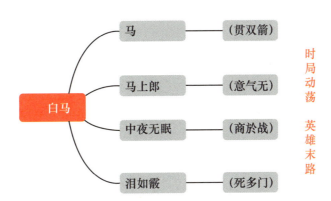

作品档案

杜甫的代表作为"三吏"（《新安吏》《石壕吏》《潼关吏》）和"三别"（《新婚别》《垂老别》《无家别》）。他忧国忧民，人格高尚，诗艺精湛，影响深远。

《白马》一诗，选自《杜工部集》第七首。白马乃作者自画像，是对英雄末路的预感，对生命的悲悯，对战争带来的不幸的悲叹和对国家前途的忧虑。

情境默写

① 文中体现战争残酷的句子是"＿＿＿＿＿＿＿＿＿＿"。

② 文中表达诗人忧国忧民、悲天悯人的句子是"＿＿＿＿＿＿＿＿"。

> **知识小链接**

杜甫经典诗句（三）

① 正是江南好风景，落花时节又逢君。

——《江南逢李龟年》

② 尔曹身与名俱灭，不废江河万古流。

——《戏为六绝句》

③ 满月飞明镜，归心折大刀。

——《咏怀古迹五首》

④ 风急天高猿啸哀，渚清沙白鸟飞回。

——《登高》

⑤ 丹青不知老将至，富贵于我如浮云。

——《丹青引赠曹将军霸》

得猫於近村以雪儿名之戏为作诗

南宋 / 陆游

似虎能缘木，如驹不伏辕。
但知空鼠穴，无意为鱼餐。
薄荷时时醉，氍毹夜夜温①。
前生旧童子，伴我老山村。

> **知识加油站**

◎ 重点句子

① 薄荷时时醉，氍毹夜夜温。

译文：吃了薄荷会显得醉醺醺的，晚上就睡在温热的毛毯里。氍毹（qú shū）：一种织有花纹图案的毛毯。写出了小猫所求甚少，有薄荷有氍毹就足够。其恬然淡薄的性格，就像作者自己。

◎诵读点拨

本诗为五言诗，诵读时按照音节"二三"格式断句。

助记导图

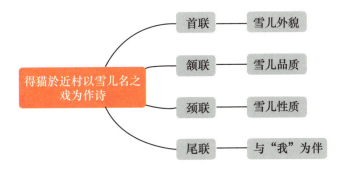

作品档案

本诗通过写喜欢的小猫来写诗人的追求，是陆游晚年一首不刻意的佳作。陆游一生笔耕不辍，诗词俱有很高成就，其诗语言平易晓畅、章法整饬谨严，兼具李白的雄奇奔放与杜甫的沉郁悲凉，尤以饱含爱国热情对后世影响深远。

情境默写

① 文中写出小猫雪儿的可爱模样的句子是"_____"。

② 文中写出小猫的可贵品质，洋溢着作者的喜爱之情的句子是"_____"。

> **知识小链接**
>
> ### 陆游经典诗句（二）
>
> ① 三万里河东入海，五千仞岳上摩天。遗民泪尽胡尘里，南望王师又一年。
>
> ——《秋夜将晓出篱门迎凉有感二首·其二》
>
> ② 壮心未与年俱老，死去犹能作鬼雄。
>
> ——《书愤二首·其二》
>
> ③ 文章本天成，妙手偶得之。
>
> ——《文章》
>
> ④ 三更酒醒残灯在，卧听潇潇雨打篷。
>
> ——《东关二首·其二》

老马

臧克家

总得叫大车装个够，
　他横竖不说一句话，
背上的压力往肉里扣，
　他把头沉重地垂下①！

这刻不知道下刻的命，
　他有泪只往心里咽，
眼里飘来一道鞭影，
　他抬头望望前面。

知识加油站

◎ 重点句子

① 背上的压力往肉里扣,他把头沉重地垂下!

解读:"扣"字,形象、传神,不仅使人想得出马背上的重压,还使人看得出这种重压的力度和慢慢压下去的进度。这两句诗把老马负重受压的惨状刻画得极为生动、深刻。主人的冷酷和老马的痛苦,都包含在诗中。

◎ 诵读点拨

《老马》在形式上讲究"节的匀称和句的整齐"。全诗共两节,每节四句,每句约有八个字,隔句押韵,读起来朗朗上口,具有一种"建筑美"和"音乐美"。

助记导图

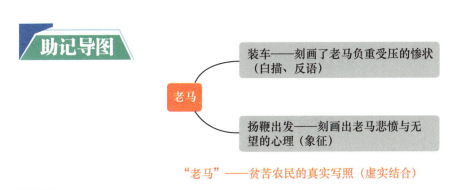

作品档案

臧克家(1905—2004年),出生于山东诸城的农村,从小熟悉农村,热爱农民,所以他的诗篇多为歌唱农村之作。《老马》写于1932年,是臧克家诗集《烙印》中流传广泛、脍炙人口的名篇之一。作者曾说:"1927年大革命失败后,我对蒋介石政权全盘否定,而对于革命的前途,觉得十分渺茫。生活是苦痛的,心情是沉郁而悲愤的。"通过赏析这首诗,我们能够更具体地感受到臧克家20世纪30年代新诗创作的成就和特色。

情境默写

诗歌刻画老马隐忍的性格的句子是"_____"和"_____"。

> **知识小链接**
>
> ### 新中国文学中有关劳动者奋斗的作品推荐
>
> ① 体现近现代以来人民大众争取民族独立自由的革命战争画卷的作品:《保卫延安》《谁是最可爱的人》《高山下的花环》等。
>
> ② 描写改革开放初期中国社会走向新的变革的历史进程的作品:《乔厂长上任记》《新星》《沉重的翅膀》等。
>
> ③ 表现新的历史时期改革的艰难进程,以及社会变革的根本动力的作品:《抉择》《省委书记》《大雪无痕》等。

狗这一辈子

刘亮程

一条狗能活到老,真是件不容易的事。太厉害不行,太懦弱不行,不解人意、太解人意了均不行。总之,稍一马虎便会被人剥了皮炖了肉。狗本是看家守院的,更多时候却连自己都看守不住。

活到一把子年纪,狗命便相对安全了。倒不是狗活出了什么经验。尽管一条老狗的见识,肯定会让一个走遍天下的人吃惊。狗却不会像人,年轻时咬出点名气,老了便可坐享其成。狗一老,再无人谋它脱毛的皮,更无人敢问津它多病的肉体,这时的狗很像一位历经沧桑的老人,世界已拿它没有办法,只好撒手,交给时间和命。

一条熬出来的狗,熬到拴它的铁链朽了,不挣而断。养它的主人也入暮年,明知这条狗再走不到哪里,就随它去吧。狗摇摇晃晃走出院门,四下里望望,是不是以前的村庄已看不清楚。狗在早年捡到过一根干骨头的沙沟梁转转;在早年恋过一条母狗的乱草滩转转;遇到早年咬过的人,远远避开,一副内疚的样子。其实人早好了伤疤忘了疼。有头脑的人大都不跟狗计较,有句俗话:狗咬了你你还能去咬狗吗？与狗相咬，除了啃一嘴狗毛你又能占到啥便宜。被狗咬过的人，大都把仇恨记在主人身上，而主人又一古脑把责任全推到狗身上。一条狗随时都必须准备着承受一切。

在乡下，家家门口栓一条狗，目的很明确：把门。人的门被狗把持，仿佛狗的家。来人并非找狗，却先要与狗较量一阵，等到终于见了主人，来时的心境已落了大半，想好的话语也吓得忘掉大半。狗的影子始终在眼前转悠，答问间时闻狗吠，令来人惊魂不定。主人则可从容不迫，坐察其来意。这叫未与人来先与狗往。

有经验的主人听到狗叫，先不忙着出来，开个门缝往外瞧瞧。若是不想见的人，比如来借钱的、讨债的、寻仇的……便装个没听见。狗自然咬得更起劲。来人朝院子里喊两声，自愧不如狗的嗓门大，也就缄默。狠狠踢一脚院门，骂声"狗日的"，走了。

若是非见不可的贵人，主人一趟子跑出来，打开狗，骂一句"瞎了狗眼了"，狗自会没趣地躲开。稍慢一步又会挨棒子。狗挨打挨骂是常有的事，一条狗若因主人错怪便赌气不咬人，睁一眼闭一眼，那它的狗命也就不长了。

一条称职的好狗，不得与其他任何一个外人混熟。在它的狗眼里，除主人之外的任何面孔都必须是陌生的、危险的。更不得与邻居家的狗相往来。需要交配时，两家狗主人自会商量好了，公母牵到一起，主人在一旁监督着。事情完了就完了。万不可藕断丝连，弄出感情，那样狗主人会嫉妒。人养了狗，狗就必须把所有爱和忠诚奉献给人，而不应该给另一条狗。

狗这一辈子像梦一样飘忽，没人知道狗是带着什么使命来到人世。

人一睡着，村庄便成了狗的世界，喧嚣一天的人再无话可说，土地和人都乏了。此时狗语大作，狗的声音在夜空飘来荡去，将远远近近的村庄连在一起。那是人之外的另一种声音，飘忽、神秘。莽原之上，明月之下，人们熟睡的躯体是听者，土墙和土墙的影子是听者，路是听者。年代久远的狗吠融入空气中，已经成寂静的一部分。

在这众狗猖猖的夜晚，肯定有一条老狗，默不作声。它是黑夜的一部分，它在一个村庄转悠到老，是村庄的一部分，它再无人可咬，因而也是人的一部分[①]。这是条终于可以冥然入睡的狗，在人们久不再去的僻远路途，废弃多年的荒宅旧院，这条狗来回地走动，眼中满是人们多年前的陈事旧影。

知识加油站

◎ 重点句子

① 它是黑夜的一部分，……因而也是人的一部分。

解读：从最后一段看，在夜晚，众狗吠叫时，它保持沉默；从全文看，首先，它忠心为主，失去了自己，晚景凄凉，故说是"黑夜的一部分"；其次，第3段写到它在村子的沙沟梁、乱草滩等地转悠过，为了看家把门与村中人较量过，夜晚也在村庄中吠叫过，故成了"村庄的一部分"；最后，老狗不再咬人，动物性消退，全文将狗拟人化来写，实际上是以狗的一辈子暗喻人的一辈子，故说是"人的一部分"。

助记导图

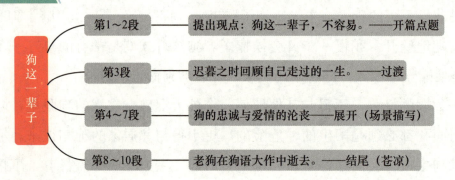

作品档案

刘亮程，1962年生，新疆沙湾人。著有诗集《晒晒黄沙梁的太阳》，散文集《风中的院门》《一个人的村庄》《库车行》等。他被誉为"20世纪中国最后一位散文家"和"乡村哲学家"。

本文选自刘亮程散文集《一个人的村庄》。全文不仅生动描述了狗的生存际遇，更使狗性和人性、狗生与人生相互映衬，令人回味无穷。

情境默写

文章刻画夜幕降临后狗语大作的世界的句子是"＿＿＿＿＿＿＿＿＿＿＿＿＿＿＿＿＿＿＿＿＿＿＿＿＿＿＿＿＿＿＿＿"。

知识小链接

中国现代优秀散文推荐阅读篇目

① 《西湖的六月十八夜》俞平伯　② 《秋》丰子恺

③ 《江行的晨暮》朱湘　④ 《印度洋上的秋思》徐志摩

⑤ 《藕与莼菜》叶圣陶　⑥ 《二月兰》季羡林

⑦ 《沙田山居》余光中　⑧ 《静虚村记》贾平凹

黔之驴

唐 / 柳宗元

黔无驴，有好事者船载以入。至则无可用，放之山下。虎见之，庞然大物也，以为神，蔽林间窥之。稍出近之，慭慭然，莫相知。

他日，驴一鸣，虎大骇，远遁；以为且噬已也，甚恐。然往来视之，觉无异能者；益习其声，又近出前后，终不敢搏①。稍近，益狎，荡倚冲冒。驴不胜怒，蹄之。虎因喜，计之曰："技止此耳！"因跳踉大㘎，断其喉，尽其肉，乃去。

噫！形之庞也类有德，声之宏也类有能。向不出其技，虎虽猛，疑畏，卒不敢取。今若是焉，悲夫！

知识加油站

◎ **重点句子**

① 然 / 往来视之，觉 / 无异能者；益习其声，又 / 近出前后，终 / 不敢搏。

译文：但是（老虎）来来回回地观察它，觉得它并没有什么特殊的本领；（老虎）渐渐地熟悉了驴的叫声，又前前后后地靠近它，但始终不与它搏斗。

◎诵读点拨

朗读时可按句首独立性质的语词划分。一是句首的连词独立原则。若句首出现表假设、转折等的连词要停顿,如"虽""因"等,如然/往来视之。因/跳踉大㘎。二是句首出现表时间、方位的词语要停顿,如"中""既而""终"等词语,如终/不敢搏。

助记导图

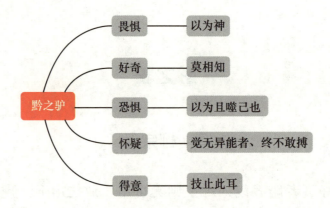

作品档案

柳宗元(773—819年),字子厚,汉族,河东(现山西运城永济一带)人,唐宋八大家之一,古文运动的主导者,世称"柳河东""河东先生",因官终柳州刺史,又称"柳柳州"。有《河东先生集》,代表作有《溪居》《江雪》《渔翁》。

本文选自柳宗元的《三戒》,这篇文章寓意深刻,具有鲜明的针对性、现实性。《三戒》包括《临江之麋》《黔之驴》《永某氏之鼠》三篇寓言。

情境默写

① 文中表达毫无自知之明而肆意逞志,必然自招祸患的句子是"＿＿＿＿＿＿＿＿"。

② 从本文中提炼一个成语:＿＿＿＿＿＿＿＿,借指仅有的一点本领也用完了。

> **知识小链接**
>
> ### 柳宗元经典诗句
>
> ① 千山鸟飞绝,万径人踪灭。孤舟蓑笠翁,独钓寒江雪。
>
> ——《江雪》
>
> ② 溪路千里曲,哀猿何处鸣?孤臣泪已尽,虚作断肠声。
>
> ——《入黄溪闻猿》
>
> ③ 二十年来万事同,今朝岐路忽西东。
>
> ——《重别梦得》
>
> ④ 山城过雨百花尽,榕叶满庭莺乱啼。
>
> ——《柳州二月榕叶落尽偶题》
>
> ⑤ 烟销日出不见人,欸乃一声山水绿。回看天际下中流,岩上无心云相逐。
>
> ——《渔翁》

三、景物

新晴野望

唐 / 王维

新晴原野旷①,极目无氛垢②。郭门临渡头,村树连溪口。白水明田外③,碧峰出山后。农月无闲人,倾家事南亩④。

知识加油站

◎ **重点字词**

① 新晴：初晴。野旷：放眼向田野眺望。

② 极目：穷尽目力向远处看。氛垢：雾气和尘埃；氛，雾气，云气；垢，污秽，肮脏。

③ 白水明田外：田埂外流水在阳光下闪闪发光。

④ 倾家：全家出动。事南亩：在田野干活。事，动词，从事。

助记导图

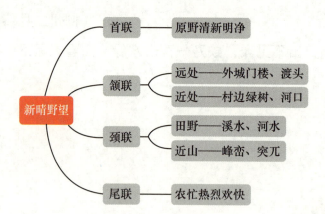

作品档案

王维在40岁以后过上了亦官亦隐的优游生活，集中创作了大量栖心于田园山水的著名诗篇。这类题材的诗，以五言见长，尤其是五律，代表了王维诗歌最主要的特色与成就。这首诗描写了初夏的乡村，雨过天晴，诗人眺望原野所见到的景色。

情境默写

诗中写出了农民抓紧雨过天晴的有利时机而突击耕种的诗句是："＿＿＿＿＿＿＿＿＿＿，＿＿＿＿＿＿＿＿＿＿"。

> **知识小链接**

王维经典诗句（二）

① 遥知兄弟登高处，遍插茱萸少一人。

——《九月九日忆山东兄弟》

② 行到水穷处，坐看云起时。

——《终南别业》

③ 深林人不知，明月来相照。

——《竹里馆》

④ 月出惊山鸟，时鸣春涧中。

——《鸟鸣涧》

⑤ 风劲角弓鸣，将军猎渭城。

——《观猎》

天净沙·秋

元／白朴

孤村落日残霞，轻烟老树寒鸦，一点飞鸿影下①。青山绿水，白草红叶黄花②。

知识加油站

◎重点句子

① 孤村落日残霞，轻烟老树寒鸦，一点飞鸿影下。

解读：本句着力渲染深秋凄凉的景象。

② 青山绿水，白草红叶黄花。

解读：本句用青山静静、绿水悠悠、白草绵绵、红叶片片、黄花朵朵这些明丽的色彩，赶走先前那肃杀的气氛，为秋日的暮色平添了许多生机与活力。

助记导图

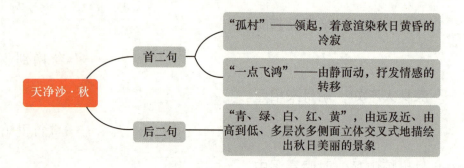

作品档案

白朴（1226—约1306年），原名恒，字仁甫，后改名朴，字太素，号兰谷，祖籍隩州（今山西河曲附近），后徙居真定（今河北正定），晚岁寓居金陵（今南京），终身未仕。他是元代著名的文学家、曲作家、杂剧家，与关汉卿、马致远、郑光祖合称为元曲四大家。他的代表作有《唐明皇秋夜梧桐雨》《裴少俊墙头马上》《董月英花月东墙记》等。

情境默写

关于"天净沙"这一曲牌的最著名的作品是马致远的《秋思》，请默写全文："＿＿＿＿＿＿＿＿＿＿＿＿＿＿＿＿＿＿＿＿＿＿＿＿"。

知识小链接

① 元曲四大家：关汉卿、白朴、马致远、郑光祖。

② 元曲四大悲剧：关汉卿的《窦娥冤》，白朴的《梧桐雨》，马致远的《汉宫秋》，纪君祥的《赵氏孤儿》。

> ③ 元曲四大爱情剧：关汉卿的《拜月亭》，王实甫的《西厢记》，白朴的《墙头马上》，郑光祖的《倩女离魂》。
>
> ④ 四大南戏：《荆钗记》《白兔记》《拜月亭》和《杀狗记》。

红帆船

北岛

到处都是残垣断壁
路，怎么从脚下延伸①
滑进瞳孔的一盏盏路灯
滚出来，并不是星星②
　我不想安慰你
　在颤抖的枫叶上
　写满关于春天的谎言
　来自热带的太阳鸟
　并没有落在我们的树上
　而背后的森林之火
　不过是尘土飞扬的黄昏

　如果大地早已冰封
　就让我们面对着暖流
　　走向海
　如果礁石是我们未来的形象
　就让我们面对着海
　　走向落日
　　不，渴望燃烧
　就是渴望化为灰烬

晨读时光

  而我们只求静静地航行
   你有飘散的长发
  我有手臂，笔直地举起

知识加油站

◎ **重点句子**

① 到处是残垣断壁／路，怎么从脚下延伸。

解读：路上和各处躺着站着的都是死魂，像残垣断壁一样，经岁月风霜侵蚀的死人。路，通向上帝之永活的路，怎么会从脚下延伸。

② 滑进瞳孔的一盏盏路灯／滚出来，并不是星星。

解读："滑进瞳孔的一盏盏路灯"指孩子受的教育；"滚出来，并不是星星"，指教育出来的并不是有无我之爱的闪闪发光的星星。

助记导图

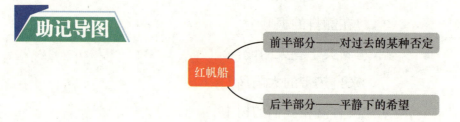

红帆船：独立思考之风、直面真实之风、理性思维之风的科学的船只

作品档案

  北岛，1949年生，原名赵振开，浙江湖州人，历任北京市六建工人，《新观察》《中国报道》编辑，北京飞达（集团）公司干部。北岛1980年开始发表作品，1985年加入中国作家协会。他著有诗集《北岛诗选》《太阳城札记》《北岛与顾城诗选》，中短篇小说集《波动》以及译著诗集《现代北欧诗选》等。

情境默写

  文中表现作者转向理性思考的句子是"_____"。

> **知识小链接**
>
> 朦胧诗派：1980年开始，诗坛出现了一个新的诗派，被称为"朦胧派"。以舒婷、顾城、北岛、江河等为先驱者的一群青年诗人，开拓了现代意象诗的新天地。"朦胧诗派"并没有形成统一的组织形式，也未曾发表宣言，然而却以各自独立又呈现出共性的艺术主张和创作实绩，构成一个"崛起的诗群"。中国朦胧诗派新老代表有：北岛、顾城、舒婷、食指、江河、杨炼、梁小斌、芒克、海子、牧野等。

江南的冬景

郁达夫

凡在北国过过冬天的人，总都道围炉煮茗，或吃煊羊肉、剥花生米、饮白干的滋味。而有地炉、暖炕等设备的人家，不管它门外面是雪深几尺[①]，或风大若雷，而躲在屋里过活的两三个月的生活，却是一年之中最有劲的一段蛰居异境；老年人不必说，就是顶喜欢活动的小孩子们，总也是个个在怀恋的，因为当这中间，有萝卜、雅儿梨等水果的闲食，还有大年夜、正月初一、元宵等热闹的节期。

但在江南，可又不同；冬至过后，大江以南的树叶，也不至于脱尽。寒风——西北风间或吹来，至多也不过冷了一日两日。到得灰云扫尽，落叶满街，晨霜白得像黑女脸上的脂粉似的。清早，太阳一上屋檐，鸟雀便又在吱叫，泥地里便又放出水蒸气来，老翁小孩就又可以上门前的隙地里去坐着曝背谈天，营屋外的生涯了；这一种江南的冬景，岂不也可爱得很么？

我生长在江南，儿时所受的江南冬日的印象，铭刻特深；虽则渐入中年，又爱上了晚秋，以为秋天正是读读书、写写字的人的最惠节季，但对于江南的冬景，总觉得是可以抵得过北方夏夜的一种特殊情调，说得摩登些，便是一种明朗的情调。

我也曾到过闽粤，在那里过冬天，和暖原极和暖，有时候到了阴历的年边，说不定还不得不拿出纱衫来着；走过野人的篱落，更还看得见许多杂七杂八的秋

[①] 1尺≈0.33米。

花!一番阵雨雷鸣过后,凉冷一点;至多也只换上一件夹衣,在闽粤之间,皮袍棉袄是绝对用不着的;这一种极南的气候异状,并不是我所说的江南的冬景,只能叫它作南国的长春,是春或秋的延长。

江南的地质丰腴而润泽,所以含得住热气,养得住植物;因而长江一带,芦花可以到冬至而不败,红叶也有时候会保持三个月以上的生命。像钱塘江两岸的乌桕树,红叶落后,还有雪白的桕子着在枝头,一点一丛,用照相机照将出来,可以乱梅花之真。草色顶多成了赭色,根边总带点绿意,非但野火烧不尽,就是寒风也吹不倒的。若遇到风和日暖的午后,你一个人肯上冬郊去走走,则青天碧落之下,你不但感不到岁时的肃杀,而且可以饱觉着一种莫名其妙的含蓄在那里的生气;"若是冬天来了,春天也总马上会来"的诗人的名句,只有在江南的山野里,最容易体会得到。

说起了寒郊的散步,实在是江南的冬日,所给与江南居住者的一种特异的恩惠;在北方的冰天雪地里生长的人,是终他的一生,也决不会有享受这一种清福的机会的。我不知道德国的冬天,比起我们江浙来如何,但从许多作家喜欢以 Spaziergang(散步)一字来作他们的创造题目看来,大约是德国南部地方,四季的变迁,总也和我们的江南差仿不多。譬如说 19 世纪的那位乡土诗人洛在格(Peter Rosegger,1843—1918)罢,他用这一个"散步"作题目的文章尤其写得多,而所写的情形,却又是大半可以拿到中国江浙的山区地方来使用的。

江南河港交流,且又地滨大海,湖沼特多,故空气里时含水分;到得冬天,不时也会下着微雨,而这微雨寒村里的冬霖景象,又是一种说不出的悠闲境界。你试想想,秋收过后,河流边三五家人家会聚在一个小村子里,门对长桥,窗临远阜,这中间又多是树枝槎桠的杂木树林;在这一幅冬日农村的图上,再洒上一层细得同粉也似的白雨,加上一层淡得几不成墨的背景,你说还够不够悠闲?若再要点景致进去,则门前可以泊一只乌篷小船,茅屋里可以添几个喧哗的酒客,天垂暮了,还可以加一味红黄,在茅屋窗中画上一圈暗示着灯光的月晕。人到了这一个境界,自然会胸襟洒脱起来,终至于得失俱亡,死生不问了;我们总该还记得唐朝那位诗人作的"暮雨潇潇江上村"的一首绝句罢?诗人到此,连对绿林豪客都客气起来了,这不是江南冬景的迷人又是什么?

一提到雨，也就必然的要想到雪："晚来天欲雪，能饮一杯无？"自然是江南日暮的雪景。"寒沙梅影路，微雪酒香村"，则雪月梅的冬宵三友，会合在一道，在调戏酒姑娘了。"柴门闻犬吠，风雪夜归人"，是江南雪夜，更深人静后的景况。"前村深雪里，昨夜一枝开"，又到了第二天的早晨，和狗一样喜欢弄雪的村童来报告村景了。诗人的诗句，也许不尽是在江南所写，而作这几句诗的诗人，也许不尽是江南人，但借了这几句诗来描写江南的雪景，岂不直截了当，比我这一枝愚劣的笔所写的散文更美丽得多？

　　有几年，在江南，在江南也许会没有雨没有雪的过一个冬，到了春间阴历的正月底或二月初再冷一冷下一点春雪的；去年（一九三四）的冬天是如此，今年的冬天恐怕也不得不然，以节气推算起来，大约太冷的日子，将在一九三六年的二月尽头，最多也总不过是七八天的样子。像这样的冬天，乡下人叫作旱冬，对于麦的收成或者好些，但是人口却要受到损伤；旱得久了，白喉、流行性感冒等疾病自然容易上身，可是想恣意享受江南的冬景的人，在这一种冬天，倒只会得到快活一点，因为晴和的日子多了，上郊外去闲步逍遥的机会自然也多；日本人叫作 Hi-king，德国人叫作 Spaziergang 狂者，所最欢迎的也就是这样的冬天。

　　窗外的天气晴朗得像晚秋一样；晴空的高爽，日光的洋溢，引诱得使你在房间里坐不住，空言不如实践，这一种无聊的杂文，我也不再想写下去了，还是拿起手杖，搁下纸笔，上湖上散散步罢！

一九三五年十二月一日

知识加油站

◎ **重点句子**

① "河流边三五家人家会聚在一个小村子里，门对长桥，窗临远阜""再洒上一层细得同粉也似的白雨……画上一圈暗示着灯光的月晕"。

　　解读：虚实相生，侧面烘托，一幅农村冬日图景跃然纸上：色彩朴素淡雅，意境朦胧悠远。

② "一提到雨……和狗一样喜欢弄雪的村童来报告村景了。"

解读：作者以诗写景，弥补了没有说尽的意味，绵延了没有抒尽的情思，行文跌宕多姿，富有诗情画意。

助记导图

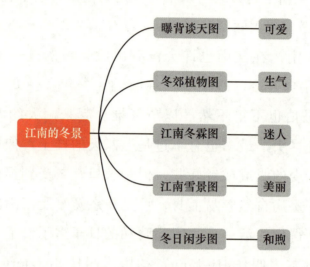

作品档案

郁达夫（1896—1945 年），男，原名郁文，字达夫，幼名阿凤，浙江富阳人，中国现代作家、革命烈士。郁达夫是新文学团体"创造社"的发起人之一，一位为抗日救国而殉难的爱国主义作家。他在文学创作的同时，还积极参加各种反帝抗日组织，先后在上海、武汉、福州等地从事抗日救国宣传活动。其文学代表作有《沉沦》《故都的秋》《春风沉醉的晚上》《过去》《迟桂花》《怀鲁迅》等。

情境默写

"草色顶多成了赭色，根边总带点绿意，非但野火烧不尽，就是寒风也吹不倒的。"这句话中暗含了一首诗，请将诗和作者都默写出来。

> **知识小链接**
>
> **描写冬天的经典诗词**
>
> ① 北国风光，千里冰封，万里雪飘。
>
> ——毛泽东《沁园春·雪》
>
> ② 寒天催日短，风浪与云平。
>
> ——杜甫《公安县怀古》
>
> ③ 天时人事日相催，冬至阳生春又来。
>
> ——杜甫《小至》

始得西山宴游记

唐／柳宗元

自余为僇人①，居是州，恒惴栗。其隙也，则施施而行，漫漫而游。日与其徒上高山，入深林，穷回溪，幽泉怪石，无远不到。到则披草而坐，倾壶而醉。醉则更相枕以卧，卧而梦。意有所极，梦亦同趣②。觉而起，起而归；以为凡是州之山水有异态者，皆我有也，而未始知西山之怪特。

今年九月二十八日，因坐法华西亭，望西山，始指异之。遂命仆人过湘江，缘染溪，斫榛莽，焚茅茷，穷山之高而止。攀援而登，箕踞而遨，则凡数州之土壤，皆在衽席之下。其高下之势，岈然洼然，若垤若穴，尺寸千里，攒蹙累积，莫得遁隐。萦青缭白③，外与天际，四望如一。然后知是山之特立，不与培塿④为类。悠悠乎与颢气俱，而莫得其涯；洋洋乎与造物者游，而不知其所穷。引觞满酌，颓然就醉，不知日之入。苍然暮色，自远而至，至无所见，而犹不欲归。心凝形释，与万化冥合。然后知吾向之未始游，游于是乎始。故为之文以志。是岁，元和四年也。

知识加油站

◎**重点字词**

①僇人：同"戮人"，受过刑辱的人，罪人。作者因永贞革新失败，被贬为永州司马，故自称僇人。

②意有所极，梦亦同趣：心里有向往的好境界，梦里也就有相同的乐趣。所极，所向往的境界。

③萦青缭白：青山萦回，白水缭绕。作者为了突出"萦""缭"景象，有意把主谓式变成动宾式。白，指山顶所见潇、湘二水。

④培塿（lǒu）：小土丘。

助记导图

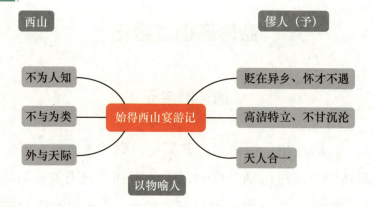

作品档案

柳宗元与韩愈共同倡导唐代古文运动，并称"韩柳"，与刘禹锡并称"刘柳"，王维、孟浩然、韦应物与之并称"王孟韦柳"。柳宗元被贬到柳州后，其母病故，心情压抑。永州山水幽奇雄险，许多地方还鲜为人知。《永州八记》就是这种心态之下的游历结晶，这篇文章写于唐宪宗元和四年（809年）。

情境默写

文中写西山之高的句子是"＿＿＿＿＿＿＿＿＿＿＿＿＿＿＿＿＿"。

> 知识小链接

柳宗元轶事——兴办学堂

柳宗元上任后，亲手创办了很多学堂，采取各种方法鼓励孩子积极念书，从根本上提高民族的素质。在政事之余，柳宗元还耐心接受青年学子拜访，对他们循循善诱。针对当地百姓迷信落后的习俗，柳宗元严令禁止江湖巫医骗钱害人。与此同时，他还推广医学，在当地培养医生为百姓服务。

第五单元　尘世喧嚣情意贵

单元导读

冰心曾说:"爱在左,同情在右,走在生命的两旁,随时播种,随时开花,将这一径长途,点缀得香花弥漫,使穿枝拂叶的行人,踏着荆棘,不觉得痛苦,有泪可落,却不是悲凉。"人生是一个永恒的话题,从古到今,对人生的谈论总是无尽无休。"情"则是人生

永远唱不完的歌,无论在灯红酒绿的喧嚣闹市,还是在荒凉贫瘠的寂静山村,只要有人群的地方,就会有情意绵绵的故事。亲情是一种深度,它给你温暖,让你在温暖如春的家庭里尽情地享受天伦之乐,是一种没有条件、不求回报的阳光雨露。友情是一种广度,它给你欣慰,让你在好人好梦的歌声中,尽享着朋友的祝福,是一种浩荡宏大,可以随时安然栖息的理解堤岸。爱情是一种纯度,让你在甜蜜的情话中,体会着爱的真谛,是一种神秘无边可以使歌至忘情,泪互相洒的心灵照耀。当拥有了浓浓的亲情、真挚的友情,纯洁的爱情时,你的生命之树定会常青。翠绿茂盛、花红遍野,无论是在灿烂的阳光下,还是在凄冷的风雨中,你的生命都可以闪耀迷人的光彩。

一、亲情

秋思

唐/张籍

洛阳城里见秋风，欲作家书意万重①。
复恐匆匆说不尽，行人②临发又开封③。

知识加油站

◎ **重点字词**

① 意万重：极言心思之多。
② 行人：指捎信的人。
③ 开封：拆开已经封好的家书。

◎ **诵读点拨**

这是一首乡愁诗，通过叙述写信前后的心情来表达作者的乡愁之深。它寓情于事，把深沉的感情融入平淡的描述之中，虽只有寥寥数语，细细品味却意味无穷。

助记导图

作品档案

张籍（约766—830年），字文昌，唐代诗人，原籍吴郡（今江苏苏州），少时迁和州乌江（今安徽和县乌江镇），世称"张水部""张司业"。张籍为韩愈大弟子，其乐府诗与王建齐名，并称"张王乐府"。他的代表作有《秋思》《节妇吟》《野老歌》等。

张籍出身贫苦，常年四处奔波、漂泊异乡。唐朝"安史之乱"时兵荒马乱、民不聊生，离家多年的他身陷洛阳城，急切盼望得到家人的信息。正在此时他遇到了故人，并托他捎信给家人。在此情境下，写下了这首诗。

情境默写

诗中突出心理和细节描写的句子是"＿＿＿＿，＿＿＿＿"。

知识小链接

描写思乡的经典诗句

① 悠悠天宇旷，切切故乡情。

——张九龄《西江夜行》

② 露从今夜白，月是故乡明。

——杜甫《月夜忆舍弟》

③ 乡书何处达？归雁洛阳边。

——王湾《次北固山下》

④ 马上相逢无纸笔，凭君传语报平安。

——岑参《逢入京使》

⑤ 近乡情更怯，不敢问来人。

——宋之问《渡汉江》

纸船——寄母亲

冰心

我从不肯妄弃①了一张纸，

总是留着——留着，

叠成一只一只很小的船儿，

从舟上抛下在海里。

有的被天风吹卷到舟中的窗里，

有的被海浪打湿，沾在船头上。

我仍是不灰心地每天地叠着，

总希望有一只能流到我要它到的地方去。

母亲，倘若你梦中看见一只很小的白船儿，

不要惊讶它无端入梦。

这是你至爱的女儿含着泪叠的，

万水千山，求它载着她的爱和悲哀归去。

一九二三年八月二十七日

知识加油站

◎**重点字词**

① 妄（wàng）弃：轻易地丢弃。

◎**诵读点拨**

这首诗以一个童心未泯的孩子的口吻写成，通过"叠纸船"这充满童趣的行动来寄托对母亲的思念。诵读时，宜饱含感情，语速平缓，读出游子对母亲的眷恋之情。

助记导图

作品档案

冰心（1900—1999年），原名谢婉莹，福建长乐人，中国民主促进会成员，中国诗人，现代作家，翻译家，儿童文学作家，社会活动家，散文家。她的代表作有《繁星》《春水》《寄小读者》等。

这首诗选自《繁星·春水》。1923年初夏，冰心毕业于燕京大学。同年8月17日，她由上海乘约克逊号邮船赴美国留学；8月19日抵达日本神户，21日游览了横滨。从写作时间来看，这首诗是冰心于游览横滨之后的第六天，在继续向大洋彼岸进发的海轮上创作的。

情境默写

文中表明诗人是在海轮上写的句子是"_____。_____，_____，_____"。

知识小链接

冰心经典诗句

① 星星——只能白了青年人的发，不能灰了青年人的心。

——《繁星·春水》

② 繁星闪烁着——深蓝的天空，何曾听得见他们对话？沉默中，微

光里,他们深深地互相颂赞了。

——《繁星·春水》

③ 愿你的生命有够多的云翳,来造就一个美丽的黄昏。

——《冰心散文集》

④ 无希望的永古不失望,不希翼那不可希翼的,永古无悲哀。

——《往事》

孝心无价

毕淑敏

我不喜欢一个苦孩求学的故事。家庭十分困难,父亲逝去,弟妹嗷嗷待哺①,可他大学毕业后,还要坚持读研究生,母亲只有去卖血……我以为那是一个自私的学子。求学的路很漫长,一生一世的事业,何必太在意几年蹉跎②?况且这时间的分分秒秒都苦涩无比,需用母亲的鲜血灌溉!一个连母亲都无法挚爱的人,还能指望他会爱谁?把自己的利益放在至高无上位置的人,怎能成为为人类献身的大师?

我也不喜欢父母重病在床,断然离去的游子,无论你有多少理由。地球离了谁都照样转动,不必将个人的力量夸大到不可思议的程度。在一位老人行将就木的时候,将他对人世间最后的期冀斩断,以绝望之心在寂寞中远行,那是对生命的大不敬。

我相信每一个赤诚忠厚的孩子,都曾在心底向父母许下"孝"的宏愿,相信来日方长,相信水到渠成,相信自己必有功成名就衣锦还乡的那一天,可以从容尽孝。

可惜人们忘了,忘了时间的残酷,忘了人生的短暂,忘了世上有永远无法报答的恩情,忘了生命本身有不堪一击的脆弱。

父母走了，带着对我们深深的挂念。父母走了，遗留给我们永无偿还的心情。你就永远无以言孝。

有一些事情，当我们年轻的时候，无法懂得。当我们懂得的时候，已不再年轻。世上有些东西可以弥补，有些东西永无弥补。

"孝"是稍纵即逝的眷恋，"孝"是无法重现的幸福。"孝"是一失足成千古恨的往事，"孝"是生命与生命交接处的链条，一旦断裂，永无连接。

赶快为你的父母尽一份孝心。也许是一处豪宅，也许是一片砖瓦。也许是大洋彼岸的一只鸿雁，也许是近在咫尺的一个口信。也许是一顶纯黑的博士帽，也许是作业簿上的一个红五分。也许是一桌山珍海味，也许是一个野果一朵小花。也许是花团锦簇的盛世华衣，也许是一双洁净的旧鞋。也许是数以万计的金钱，也许只是含着体温的一枚硬币……但"孝"的天平上，它们等值。

只是，天下的儿女们，一定要抓紧啊！趁你父母健在的光阴。

知识加油站

◎ **重点字词**

① 嗷嗷待哺（áo áo dài bǔ）：饥饿时急于求食的样子。形容受饥饿的悲惨情景。

② 蹉跎（cuō tuó）：白白地浪费时间。

◎ **诵读点拨**

全文感情真挚，语言朴实，形象化的议论和哲理性的议论融为一体，相得益彰，并运用排比、反复等手法表达了作者劝勉人们尽孝的强烈感情，反复强调了及时尽孝的重要。诵读时，应读出孩子对母亲的依恋和深情。

助记导图

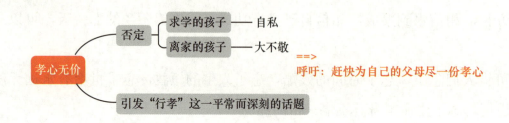

第五单元 尘世喧嚣情意贵

作品档案

毕淑敏，1952年生于新疆伊宁，国家一级作家，北京作家协会副主席。著有《毕淑敏文集》十二卷，长篇小说《红处方》《血玲珑》《拯救乳房》《女心理师》《鲜花手术》等。

毕淑敏的散文不仅质朴真诚，还体现着对生命的深刻感悟。《孝心无价》从多个方面阐述了孝心的真正内涵，并告诫天下儿女：抓紧时间行孝，趁父母健在的光阴，因为世上有些东西可以弥补，有些东西永无弥补。

情境默写

① 文中标题"孝心无价"相照应的句子是"＿＿＿＿＿＿＿＿＿＿"。

② 本文能揭示"但'孝'的天平上，它们等值"这句话含义的句子是"＿＿＿＿＿＿＿＿＿＿，＿＿＿＿＿＿＿＿＿＿。"

知识小链接

描写孝心的经典诗词

① 子曰："父母在，不远游，游必有方。"

——《论语·里仁》

② 家贫知孝子，国乱识忠臣。

——《名贤集》

③ 为人子，止于孝；为人父，止于慈。

——《大学·第四章》

④ 羊有跪乳之恩，鸦有反哺之义。

——《增广贤文》

⑤ 曾子曰：考有三，大孝尊亲，其次弗辱，其下能养。

——《礼记》

回忆我的母亲（节选）

朱德

母亲最大的特点是一生不曾脱离劳动。母亲生我前一分钟还在灶上煮饭。虽到老年，仍然热爱生产。去年另一封外甥的家信中说："外祖母大人因年老关系，今年不比往年健康，但仍不辍①劳作，尤喜纺棉。"

我应该感谢母亲，她教给我与困难作斗争的经验。我在家庭中已经饱尝艰苦，这使我在三十多年的军事生活和革命生活中再没感到过困难，没被困难吓倒。母亲又给我一个强健的身体，一个勤劳的习惯，使我从来没感到过劳累。

我应该感谢母亲，她教给我生产的知识和革命的意志，鼓励我以后走上革命的道路。在这条路上，我一天比一天更加认识：只有这种知识，这种意志，才是世界上最可宝贵的财产。

母亲现在离我而去了，我将永不能再见她一面了，这个哀痛是无法补救的。母亲是一个平凡的人，她只是中国千百万劳动人民中的一员，但是，正是这千百万人创造了和创造着中国的历史。我用什么方法来报答母亲的深恩呢？我将继续尽忠于我们的民族和人民，尽忠于我们的民族和人民的希望——中国共产党，使和母亲同样生活着的人能够过快乐的生活。这是我能做到的，一定能做到的。

愿母亲在地下安息！

知识加油站

◎ 重点字词

① 不辍（chuò）：不停；不止；不绝。

◎诵读点拨

本文是朱德同志在得到母亲去世的消息后写的一篇回忆母亲的散文，文笔朴素，感情真挚，在平静的叙述之中表达出对母亲深深的敬爱和怀念之情。诵读时，应怀着一种悲痛的心情，读出对母亲的无限留恋。

助记导图

作品档案

朱德（1886—1976年），字玉阶，曾用名朱建德，伟大的无产阶级革命家、军事家、政治家，中国人民解放军的主要缔造者之一，中华人民共和国的开国元勋。1955年，朱德被授予中华人民共和国元帅军衔。

《回忆我的母亲》选自《朱德选集》，是朱德早期创作的记叙性散文，文章记叙了作者母亲的生平，赞扬了母亲的平凡和伟大。本文最早发表在1944年4月5日的延安《解放日报》上。

情境默写

① 文中写母亲最大特点的句子是"_____"。

② 文中深化文章主题，由赞美母亲到赞颂劳动人民的句子是"_____，_____，_____，_____"。

知识小链接

中华人民共和国"十大元帅"

1955年9月27日,中华人民共和国全国人民代表大会常务委员会第二十二次会议通过了授予中华人民共和国元帅军衔的决议。1955年9月27日下午5时,在北京中南海怀仁堂隆重举行授元帅军衔及授予勋章典礼,毛泽东主席颁发命令状,授予朱德、彭德怀、林彪、刘伯承、贺龙、陈毅、罗荣桓、徐向前、聂荣臻、叶剑英10人中华人民共和国元帅军衔,并授予一级八一勋章、一级独立自由勋章、一级解放勋章,中国人民解放军历史上著名的"十大元帅"由此确立。

弟子规·入则孝

清 / 李毓秀

父母呼,应勿缓,父母命,行勿懒。父母教,须敬听,父母责,须顺承①。冬则温,夏则清,晨则省②,昏则定。出必告,反必面,居有常,业无变。事虽小,勿擅为,苟擅为,子道亏。物虽小,勿私藏,苟私藏,亲心伤③。亲所好,力为具,亲所恶,谨为去。身有伤,贻亲忧,德有伤,贻亲羞。亲爱我,孝何难,亲憎我,孝方贤。亲有过,谏使④更,怡吾色,柔吾声。谏不入,悦复谏,号泣随,挞无怨。亲有疾,药先尝,昼夜侍,不离床。丧三年,常悲咽,居处变,酒肉绝。丧尽礼,祭尽诚,事死者,如事生。

知识加油站

◎ **重点字词**

① 顺承:态度恭顺,不当面顶撞。

② 省：安慰问候。

③ 伤：身体受伤，或者有病痛。

④ 使：使他更正，或者能及时停止。

◎诵读点拨

朗读节奏划分示例：父母／呼，应／勿缓，父母／命，行／勿懒。

助记导图

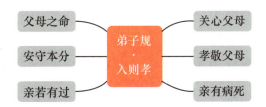

作品档案

《弟子规》是清康熙年间秀才李毓秀所作，原名《训蒙文》，后来贾存仁将其修订改编并改名为《弟子规》。"弟子"，指学生，"规"指规范、规矩。全书共三百六十句、一千零八十个字，分为"入则孝、出则悌、谨、信、泛爱众、亲仁、余力学文"七个部分，以三字韵的形式阐述了学习的重要、做人的道理以及待人接物的礼貌常识等。

情境默写

① 当父母呼唤我们的名字时，我们应"＿＿＿＿＿＿＿＿＿＿＿，＿＿＿＿＿＿＿＿＿＿＿"。

② 当父母有事向我们交代时，我们应"＿＿＿＿＿＿＿＿＿＿＿，＿＿＿＿＿＿＿＿＿＿＿"。

③ 当我们做错事受到父母责备时，我们应"＿＿＿＿＿＿＿＿＿＿＿，＿＿＿＿＿＿＿＿＿＿＿"。

④当我们放学平安到家时,我们应"_____,_____"。

⑤当我们外出时,我们应"_____,_____"。

> **知识小链接**
>
> 孟子曰:"不孝有三,无后为大。"所谓"不孝有三"所指为何?
>
> 根据汉代学者赵岐的注解所说:一是"阿谀曲从,陷亲不义",有昏暴之君,必有昏暴之父母。若父母犯错行恶之时,没有加以劝阻,而是顺从父母,甚至与其同谋,使父母陷于不仁不义之中,便是不孝;二是"家贫亲老,不为禄仕",家境贫寒,父母渐老,而自己没有立业来奉养父母,便是不孝;三是"不娶无子,绝先祖祀",成年而不结婚,没有儿子,因而使祖先的祭祀中断,便为不孝。

二、友情

卜算子①·送鲍浩然之浙东

北宋 / 王观

水是眼波横,山是眉峰聚。
欲问行人去那边?眉眼盈盈②处。
才始送春归,又送君归去。
若到江南赶上春,千万和春住。

知识加油站

◎ **重点字词**

① 卜算子：词牌名，北宋时盛行此曲，万树《词律》以为取义于"卖卜算命之人"。

② 盈盈：美好的样子。

◎ **诵读点拨**

这是一首送别词，写的是春末时节，词人在越州大都督府送别即将回家乡（浙东）的好友鲍浩然。前面两句应用比较低沉的语调，读出诗人欲归不得，羁旅之愁难以为怀的感情，后两句应该读得较为喜悦，表达衷心祝福好友，望好友能与春光同住。

助记导图

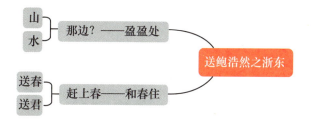

作品档案

王观（1035—1100年），字通叟，宋代词人，泰州如皋（今江苏如皋）人。相传曾奉诏作《清平乐》一首，描写宫廷生活。高太后对王安石等变法不满，认为王观属于王安石门生，就以《清平乐》亵渎了宋神宗为名，将王观罢职。王观于是自号"逐客"，从此以一介平民身份生活。这首词是王观的代表作，以眼喻水，以眉喻山；设喻巧妙，又语带双关，写得妙趣横生，堪称杰作。

情境默写

① 文中同时运用反语、比喻等修辞手法借景抒发作者含而不露的惜别之情的句子是"＿＿＿＿＿＿＿，＿＿＿＿＿＿＿＿"。

② 文中表达对友人离去的美好祝福的句子是"＿＿＿＿＿＿＿，＿＿＿＿＿＿＿"。

知识小链接

名家评价《卜算子·送鲍浩然之浙东》

诗贵缘情。这首小词正是用它所表现的真挚感情来打动读者的心弦的。且不必问题目云云，它那从民间营养吸取来的健康情调、鲜明语言、民歌的艺术技巧引起读者的美感和共鸣，使它臻于词的上乘。

——人民文学出版社编辑部陈迩冬等

临江仙·送钱穆父

北宋／苏轼

一别都门三改火①，天涯踏尽红尘。依然一笑作春温。无波真古井②，有节是秋筠。

惆怅孤帆连夜发，送行淡月微云。尊前不用翠眉颦。人生如逆旅③，我亦是行人。

知识加油站

◎**重点字词**

① 改火：古代钻木取火，四季换用不同木材，称为"改火"，这里指年度的更替。

② 古井：枯井。比喻内心恬静，情感不为外界事物所动。

③ 逆旅：旅店。

◎**诵读点拨**

这首词上阕写与友人久别重逢，赞赏友人面对坎坷奔波时的古井心境和秋竹风节，应尝试用平缓的语调读出共情之感；下阕切入正题，写月夜与友人分别，抒发了对世事人生的超旷之思，朗诵时应试着把握作者旷达洒脱的个性风貌。

助记导图

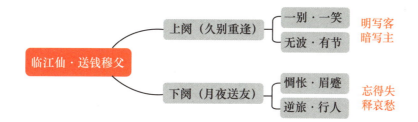

作品档案

这首词是在宋哲宗元祐六年（1091年）春所作，钱穆在元祐三年（1088年）九月因坐奏开封府狱空不实，出知越州（今浙江绍兴），元祐五年（1090年）又徙知瀛洲（今河北河间），途经杭州时，苏轼以此词赠行，当时苏轼也将要离开杭州。

情境默写

诗中表达人生如寄之感，与李白的"夫天地者，万物之逆旅也。光阴者，百

代之过客也"有异曲同工之妙的句子是"_____，_____
_____"。

> ### 知识小链接
>
> **名家点评《临江仙·送钱穆父》**
>
> 　　宋人袁文《瓮牖闲评》卷五："《说文》，筼字从竹，竹皮也。孔颖达亦以为竹外青皮。苏东坡作《临江仙》词云，'无波真古井，有节是秋筼。'乃用白乐天诗：'无波古井水，有节秋竹竿。'诗虽承乐天之语，而改竹为筼，遂觉差逊。"
>
> 　　近人俞陛云《唐五代两宋词选释》："高朗。""因送友而言我亦逆旅中行人之一，语极旷达。"

送别

清 / 李叔同

长亭①外，古道边，芳草碧连天。晚风拂柳笛声残，夕阳山外山。
天之涯，地之角，知交②半零落。一壶浊酒尽余欢，今宵别梦寒。
长亭外，古道边，芳草碧连天。问君此去几时来，来时莫徘徊。
天之涯，地之角，知交半零落。人生难得是欢聚，惟有别离多。

> ### 知识加油站
>
> ◎ **重点字词**
>
> ① 长亭：在中国古代，道路边每隔一段里程，会设一亭驿，供路人避雨、休憩。
>
> ② 知交：知心朋友。

◎诵读点拨

这首词清新淡雅，情真意挚，凄美柔婉。词中句子长短参差，句式充满变化，朗读时应把握其丰富的音韵感和节奏感。

助记导图

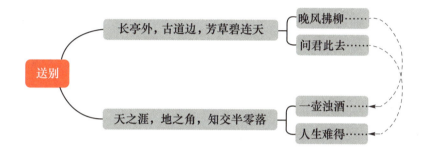

作品档案

李叔同（1880—1942年），浙江平湖人，生于天津，法名演音，号弘一，晚号晚晴老人。他是中国新文化运动的前驱，艺术家、教育家、思想家、革新家，是中国传统文化与佛教文化相结合的优秀代表，不仅是中国近现代佛教史上最杰出的一位高僧，而且是国际上声誉甚高的知名人士。他是第一个向中国传播西方音乐的先驱者，他所创作的《送别歌》，现成为送友离别的一种文化心理符号。

情境默写

① 文中通过景物描写衬托出离别时的寂静冷落气氛的句子是"＿＿＿＿＿＿，＿＿＿＿＿＿，＿＿＿＿＿＿。＿＿＿＿＿＿，＿＿＿＿＿＿"。

② 文中表达人生不过数十年，寥寥几个知心朋友却也散别大半的无奈凄美之情的句子是"＿＿＿＿＿＿，＿＿＿＿＿＿，＿＿＿＿＿＿。＿＿＿＿＿＿，＿＿＿＿＿＿"。

> **知识小链接**
>
> ### 李叔同佳句欣赏
>
> ① 奋斗之心人皆有之。
>
> ② 以舍为有，则不贪；以忙为乐，则不苦；以勤为富，则不贫；以忍为力，则不惧。
>
> ③ 识不足则多虑；威不足则多怒；信不足则多言。
>
> ④ 寡欲故静，有主则虚。

风雨中忆萧红（节选）

丁玲

萧红和我认识的时候，是在一九三八年春初，那时山西还很冷，很久生活在军旅之中，习惯于粗犷的我，骤睹着她的苍白的脸，紧紧闭着的嘴唇，敏捷的动作和神经质的笑声，使我觉得很特别，而唤起许多回忆，但她说话是很自然而直率的。

我很奇怪作为一个作家的她，为什么会那样少于世故，大概女人都容易保有纯洁和幻想，或者也就同时显得有些稚嫩和软弱的原故吧。但我们都很亲切，彼此并不感觉到有什么孤僻的性格。我们都尽情地在一块儿唱歌，每夜谈到很晚才睡觉。

当然我们之中在思想上，在情感上，在性格上都不是没有差异，然而彼此都能理解，并不会因为不同意见或不同嗜好而争吵，而揶揄①。

接着是她随同我们一道去西安，我们在西安住完了一个春天，我们也痛饮过，我们也同度过风雨之夕，我们也互相倾诉。

然而现在想来，我们谈得是多么少啊！我们似乎从没有一次谈到过自己，尤其是我。然而我却以为她从没有一句话之中是失去了自己的，因为我们实在都太真实，太爱在朋友的面前赤裸自己的精神，因为我们又实在觉得是很亲近的。但我仍会觉得我们是谈得太少的，因为，像这样的能无妨嫌、无拘束、不需警惕着谈话的对手是太少了啊！

那时候很希望她能来延安，平静的住一时期之后致全力于著作。抗战开始后，短时期的劳累奔波似乎使她感到不知在什么地方能安排生活。她或许比较适于幽美平静。延安不够作为一个写作的百年长计之处，然在抗战中，的确可以使一个人少顾虑于日常琐碎，而策划于较远大的。并且这里有一种朝气，或者会使她能更健康些。

但萧红却南去了。至今我还很后悔那时我对于她生活方式所参与的意见是太少了，这或许由于我们相交太浅，和我的生活方式离她太远的原故，但徒劳的热情虽然常常于事无补，然在个人仍可得到一种心安。

我们分手后，就从没有通过一封信，端木曾来过几次信，在最后的一封信上（香港失陷约一星期前收到）告诉我，萧红因病始由皇后医院迁出。不知为什么我就有一种预感，觉得有种可怕的东西会来似的。

有一次我同白朗说："萧红绝不会长寿的。"当我说这话的时候，我是曾把眼睛扫遍了中国我所认识的或知道的女性朋友，而感到一种无言的寂寞，能够耐苦的，不依赖于别的力量，有才智、有气节而从事于写作的女友，是如此其寥寥呵！

不幸的是我的杞忧竟成了现实，当我昂头望着天那边，或者低头细数脚底的泥沙，我都不能压制我丧去一个真实的同伴的叹息，在这样的世界中生活下去，多一个真实的同伴，便多一份力量，我们的责任还不只于打开局面，指示光明，而还是创造光明和美丽；人的灵魂假如只能拘拘于个体的褊狭之中，便只能陶醉于自我的小小成就。我们要使所有的人，连仇敌也在内都能有崇高的享受，和为这享受而有的伟大牺牲。

只要我活着，朋友的死耗一定将陆续地压住我沉闷的呼吸。尤其是在这风雨的日子里，我会更感到我的重荷，我的工作已经够消磨我的一生，何况更加上你们的屈死和你们未完的事业，但我一定可以支持下去的。

我要借这风雨，寄语你们，死去的，未死的朋友们，我将压榨我生命所有的余剩，为着你们的安慰和光荣。哪怕就仅仅为着你们也好，因为你们是受苦难的劳动者，你们的理想就是真理。

晨读时光

风雨已停，朦胧的月亮浮在西边山头上，明天将有一个晴天。我为着明天的胜利而微笑，为着永生而休息。我吹熄了灯，平静地躺到床上。

知识加油站

◎ 重点字词

① 揶揄（yé yú）：耍笑；嘲弄。

◎ 诵读点拨

本文是丁玲怀着痛惜之情追忆自己与萧红的一段短暂的交往，情节跌宕起伏、情真意切，字字句句叩击着读者的心弦。风雨中，作者不仅忆的是萧红，更多的是在抒发自己的感慨。

助记导图

作品档案

丁玲（1904—1986年），原名蒋伟，字冰之，著名作家、社会活动家。1936年11月，丁玲到达陕北保安，是第一个到延安的文人。她的代表作有处女作《梦珂》，长篇小说《太阳照在桑干河上》，短篇小说《莎菲女士的日记》，短篇小说集《在黑暗中》等。

本文是一篇悼念文章，写于萧红在香港去世三个月之后。在这之前，丁玲完成了《我在霞村的时候》《在医院中》和《三八节有感》几篇文章，与本文相辅相成，从不同的角度，表达了对那个时代女性命运的关注与审视。

情境默写

文中运用象征手法,表明阴霾终将散去,历史必将还萧红一个清白的句子是"_____,_____,_____"。

> **知识小链接**
>
> "八拜之交"原表示世代有交情的两家弟子谒见对方长辈时的礼节,旧时也称异姓结拜的兄弟姐妹。后来,成语"八拜之交"指管鲍之交、知音之交、刎颈之交、舍命之交、胶漆之交、鸡黍之交、忘年之交、生死之交。

高山流水

战国 / 列子

伯牙①善鼓琴,钟子期②善听。伯牙鼓琴,志③在高山,钟子期曰:"善哉,峨峨兮若泰山!"志在流水,钟子期曰:"善哉,洋洋兮若江河!"伯牙所念,钟子期必得之。

伯牙游于泰山之阴,卒逢暴雨,止于岩下;心悲,乃援琴而鼓之。初为霖雨之操④,更造崩山之音。曲每奏,钟子期辄穷其趣。伯牙乃舍琴而叹曰:"善哉,善哉,子之听夫志,想象犹吾心也。吾于何逃声哉?"

知识加油站

◎重点字词

① 伯牙:全名俞伯牙,春秋战国时期晋国的上大夫,原籍楚国郢都(今湖北荆州)。

② 钟子期：名徽，字子期。春秋楚国（今湖北汉阳）人。相传钟子期是一个戴斗笠、披蓑衣、背冲担、拿板斧的樵夫。

③ 志：志趣，心意。

④ 操：琴曲的一种，曲调凄婉，一般为表达内心忧虑、处世困穷而作。

◎ 诵读点拨

俞伯牙与钟子期是一对千古传诵的至交典范。诵读时，应读出相遇时的喜悦，痛失挚友时的伤心。

助记导图

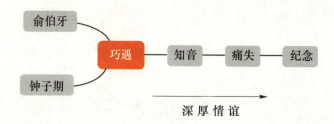

作品档案

列子（约公元前450—公元前375年），名寇，又名御寇，相传是战国前期的道家代表人物，郑国人。其学本于黄帝老子，主张清静无为。后汉班固《汉书艺文志》"道家"部分录有《列子》八卷，早已散失。今本《列子》八卷，内容多为民间故事、寓言和神话传说。

本书选自《列子·汤问》，《列子·汤问》是列子所辑注，里面有许多民间故事、寓言和神话传说。本文标题为编者所加。"高山流水"比喻知己或知音，也比喻乐曲高妙。

情境默写

① 文中写钟子期赞赏伯牙音乐之美的句子是"＿＿＿＿＿＿＿＿，＿＿＿＿＿＿；＿＿＿＿＿＿＿＿，＿＿＿＿＿＿＿＿"。

② 文中说明钟子期是伯牙的知音的句子是"_____，_____"。

③ 文中说明伯牙弹琴的技艺高超的句子是"_____，_____。_____，_____"。

> **知识小链接**
>
> ### 写知音的经典诗句
>
> ① 平生知心者，屈指能有几人？
>
> ——白居易《感逝寄远》
>
> ② 海内存知己，天涯若比邻。
>
> ——王勃《送杜少府之任蜀州》
>
> ③ 人之相识，贵在相知，人之相知，贵在知心。
>
> ——孟子《孟子·万章下》

三、爱情

新添声杨柳枝词二首·其二

唐 / 温庭筠

井底点灯深烛伊，共郎长行莫围棋。

玲珑骰子^①安红豆，入骨^②相思知不知。

知识加油站

◎重点字词

① 骰（tóu）子：博具，相传为三国曹植创制，初为玉制，后演变为骨制，因其点着色，又称色子；为小立方体块状，六个面上分别刻有从一到六不同数目的圆点，其中一、四点数着红色，其余点数皆着黑色。这骰子上的红点，即被喻为相思的红豆。

② 入骨：用骨制的骰子上的红点深入骨内，来隐喻入骨的相思。"入骨"是双关隐语。

助记导图

作品档案

温庭筠（约812—866年），唐代诗人、词人，本名岐，字飞卿，太原祁（今山西祁县东南）人。温庭筠富有天才，文思敏捷，每入试，押官韵，八叉手而成八韵，故有"温八叉""温八吟"之称；然恃才不羁，又好讥刺权贵，多犯忌讳，取憎于时，故屡举进士不第，长被贬抑，终生不得志。他官终国子助教。他精通音律，诗词兼工。他的诗与李商隐齐名，时称"温李"。其诗辞藻华丽，清新明快。其词艺术成就在晚唐诸词人之上，为"花间派"首要词人，对词的发展影响较大。在词史上，他与韦庄并称"温韦"，现存诗三百多首，词七十余首，后人辑有《温飞卿集笺注》等。

情境默写

诗中以骰子为喻,采用谐音双关手法寄托女子挚爱深情的句子是"＿＿＿＿＿＿＿＿,＿＿＿＿＿＿＿＿＿＿＿＿＿＿"。

> **知识小链接**
>
> ### 新添声杨柳枝词二首·其一
> #### 唐 / 温庭筠
>
> 一尺深红蒙曲尘,天生旧物不如新。
> 合欢桃核终堪恨,里许元来别有人。

西洲曲

南朝乐府民歌

忆梅下西洲,折梅寄江北。单衫杏子红,双鬓鸦雏色。
西洲在何处?两桨桥头渡。日暮伯劳飞,风吹乌臼树。
树下即门前,门中露翠钿。开门郎不至,出门采红莲。
采莲南塘秋,莲花过人头。低头弄莲子,莲子青如水。
置莲怀袖中,莲心彻底红。忆郎郎不至,仰首望飞鸿。
鸿飞满西洲,望郎上青楼。楼高望不见,尽日栏杆头。
栏杆十二曲,垂手明如玉。卷帘天自高,海水摇空绿。
海水梦悠悠,君愁我亦愁。南风知我意,吹梦到西洲。

知识加油站

◎诵读点拨

这是一首富有音韵感和节奏美的民诗，朗读时，要注意把握少女怀情时的羞涩以及对爱情的向往。

助记导图

作品档案

《西洲曲》，五言三十二句，是南朝乐府民歌中少见的长篇。全文感情细腻，"充满了曼丽宛曲的情调，清辞俊语，连翩不绝，令人'情灵摇荡'。"《西洲曲》可谓这一时期民歌中最成熟最精致的代表作之一。

情境默写

① 文中描写女子与门的一系列巧作掩饰的动作，表现其含羞的姿态，渴慕相思的神色的句子是"＿＿＿＿＿＿，＿＿＿＿＿＿。＿＿＿＿＿＿，＿＿＿＿＿＿"。

② 文中"采莲""弄莲""置莲"三个动作，极有层次地写出人物感情变化的句子是"＿＿＿＿＿＿，＿＿＿＿＿＿。＿＿＿＿＿＿，＿＿＿＿＿＿。＿＿＿＿＿＿，＿＿＿＿＿＿"。

③ 文中环环相扣，接字成篇，声情摇曳，情味无穷，负有节奏感和音乐美的句子是"＿＿＿＿＿＿，＿＿＿＿＿＿。＿＿＿＿＿＿，＿＿＿＿＿＿"。

> **知识小链接**
>
> ### 后人相关引用
>
> 朱自清《荷塘月色》中曾选用"采莲南塘秋,莲花过人头。低头弄莲子,莲子青如水"四句,这四句描写的是秋天莲子成熟时的盛景,而"莲"谐音"怜","莲子"谐音"怜子",表明了女子对情郎既怜且爱的深情,用在《荷塘月色》文中,和前文独具朦胧之美的"荷香月色"呼应,使荷塘的境界陡然开阔、明朗。

偶然

徐志摩

我是天空里的一片云,
偶尔投影在你的波心——
你不必讶异,
更无须欢喜——
在转瞬间消灭了踪影。

你我相逢在黑夜的海上,
你有你的,我有我的,方向;
你记得也好,
最好你忘掉,
在这交会时互放的光亮!

知识加油站

◎ 诵读点拨

这是一首爱情诗，全诗共两节，上下节格律对称。每一节的第一句、第二句、第五句都是用三个音步组成。如"偶尔投影在你的波心""在这交会时互放的光亮"每节的第三、第四句都是两音步构成，如"你不必讶异""你记得也好，最好你忘掉"。在音步的安排处理上显然严谨中不乏洒脱，较长的音步与较短的音步相间，读起来纡徐从容、委婉顿挫而朗朗上口。

助记导图

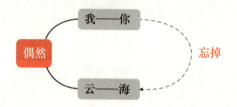

作品档案

徐志摩（1897—1931年），原名章垿，字槱森，留学英国时改名志摩，现代诗人、散文家，新月派代表诗人，新月诗社成员。

本诗是现代诗人徐志摩1926年5月创作的。此诗主要是诗人对人生、情感的深切感悟，诗人于其中表达了对爱与美的消逝的感叹，也透露出对这些美好情愫的眷顾之情。本诗并非只是一首简单的爱情诗，更是一首对人生的感叹曲，充满情趣哲理。全诗两段十行，上下节格律对称，不但珠润玉圆、朗朗上口，而且余味无穷、意溢于言外。

情境默写

文中表达人生旅途有许多偶然，对于昙花一现的偶遇，潇洒放手反而更好的句子是"＿＿＿＿，＿＿＿＿，＿＿＿＿"。

> **知识小链接**
>
> ### 名家评价《偶然》
>
> 《偶然》等几首诗，划开了他前后两期的鸿沟，他抹去了以前的火气，用整齐柔丽清爽的诗句，来写那微妙的灵魂的秘密。
>
> ——陈梦家
>
> 这首诗在作者诗中是在形式上最完美的一首。
>
> ——卞之琳

我在等你

余秋雨

我藏不住秘密，也藏不住忧伤，正如我藏不住爱你的喜悦，藏不住分离时的彷徨。我就是这样坦然，你舍得伤，就伤。

如果有一天，你要离开我，我不会留你，我知道你有你的理由；如果有一天，你说还爱我，我会告诉你，其实我一直在等你。如果有一天，我们擦肩而过，我会停住脚步，凝视你远去的背影，告诉自己那个人我曾经爱过。

或许人一生可以爱很多次，然而总有一个人可以让我们笑得最灿烂，哭得最透彻，想得最深切。

炊烟起了，我在门口等你。夕阳下了，我在山边等你。

叶子黄了，我在树下等你。月儿弯了，我在十五等你。

细雨来了，我在伞下等你。流水冻了，我在河畔等你。

生命累了，我在天堂等你。我们老了，我在来生等你。

知识加油站

◎ 诵读点拨

如果你是一位男性读者,读到《我在等你》,你会感到肩上的责任,要读得结实有力;如果你是一位女性读者,读到《我在等你》,你会感到满满的幸福,要读得温婉柔情。

助记导图

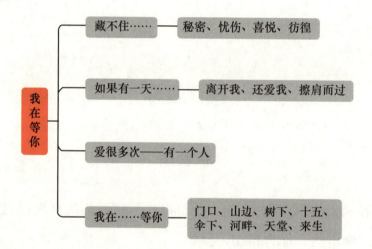

作品档案

余秋雨,1946年生于浙江余姚,现任澳门科技大学人文艺术学院院长。中国著名文化学者,理论家、文化史学家、散文家。《我在等你》是余秋雨创作的饱含真情、主题明确、情感健康的爱情文学作品,这是他对妻子马兰跨越时空的真情表白,文末的八个等你足以看出情意拳拳。

情境默写

文中表现余秋雨对妻子跨越今生来世的爱的生死约定的句子是"_____
____,_____。_____,_____"。

> **知识小链接**

余秋雨说爱情

① 假如你想要一件东西，就放它走。它若能回来找你，就永远属于你；它若不回来，那根本就不是你的。

② 如果真的有一天，某个回不来的人消失了，某个离不开的人离开了，也没关系。时间会把最正确的人带到你的身边，在此之前，你所要做的，是好好的照顾自己。

朱生豪情书（节选）

朱生豪

你也许不会相信，我常常想象你是多么美好，多么可爱，但实际见了你面的时候，你比我想象的要美好得多，可爱得多。

你不能说我这是说谎，因为如果不然的话，我蛮可以仅仅想忆你自足，而不必那样渴望着想见到你。

我遇见你，就像找到了真的自己，如果没有你，即使我爱一百个人，或有一百个人爱我，我的灵魂也终将永远的彷徨着。你是我独一无二的，我将永远永远多么多么地喜欢你。

不要愁老之将至①，你老了也一定很可爱。而且，假如你老了十岁，我当然也老了十岁，世界也老了十岁，上帝也老了十岁，其实一切都是一样的。

我一天一天发现你的平凡，同时却一天一天愈更深情地爱你。

你如果照镜子，你不会知道自己有多么的好，你如果走进我心里，你就会知道，你是怎样怎样的好。

我只愿凭这一点灵感的想通，时时带给彼此以慰藉②，像流星的光辉，照耀我疲惫的梦寐③，永远存一个安慰，纵然在别离的时候。

醒来觉得甚是爱你。

知识加油站

◎ **重点字词**

① 老之将至：多用作自称衰老之语。出自《论语·述而》。

② 慰藉：安慰、抚慰。

③ 梦寐：睡梦。

助记导图

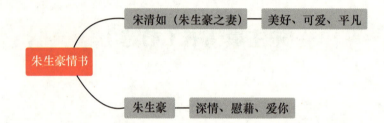

作品档案

朱生豪（1912—1944年），著名翻译家，原名朱文森，又名文生，学名森豪，笔名朱朱、朱生等，浙江嘉兴人。1936年春，朱生豪着手翻译《莎士比亚戏剧全集》，为便于中国读者阅读，他打破了英国牛津版按写作年代编排的次序，而分为喜剧、悲剧、史剧、杂剧四类编排，自成体系。他是中国翻译莎士比亚作品较早的人之一，译文质量和风格卓有特色，为国内外莎士比亚研究者所公认。

情境默写

文中表达作者即使年华衰老依然会深爱恋人的句子是"_____，_____。_____，_____，_____，_____，_____，_____"。

> 知识小链接

朱生豪和宋清如的"神仙爱情"

有人曾笑称:"朱生豪的一生,主要为两件事而活:一是翻译莎士比亚的作品,二是给女神宋清如写情书。"在朋友眼中,他是"寡言无趣"的人,但他写起情书来,却又是另一副模样,调皮有趣,让人销魂,难怪后来被誉为"中国最会写情书的人""世上最会说情话的男子"!他的一句"醒来觉得甚是爱你"更是火遍网络。从前慢,车、马、邮件都慢,一生只够爱一个人,所谓的"神仙爱情"说的应该就是朱生豪和宋清如吧!

牡丹亭记题词

明 / 汤显祖

天下女子有情,宁有如杜丽娘者乎!梦其人即病,病即弥连①,至手画形容②传于世而后死。死三年矣,复能溟莫③中求得其所梦者而生。如丽娘者,乃可谓之有情人耳。情不知所起,一往而深。生者可以死,死可以生。生而不可与死,死而不可复生者,皆非情之至也。梦中之情,何必非真,天下岂少梦中之人耶?必因荐枕④而成亲,待挂冠⑤而为密者,皆形骸⑥之论也。

传杜太守事者,仿佛晋武都守李仲文、广州守冯孝将儿女事。予稍为更而演之。至于杜守收考柳生,亦如汉睢阳王收考谈生也。

嗟夫,人世之事,非人世所可尽。自非通人⑦,恒以理相格⑧耳。第云理之所必无,安知情之所必有邪!

知识加油站

◎ 重点字词

① 弥连：即"弥留"，言久病不愈。《牡丹亭·诊祟》旦白："我自春游一梦，卧病至今。"

② 手画形容：指亲手为自己画像。见该剧第十四出《写真》。

③ 溟莫：指阴间。溟，同"冥"。

④ 荐枕：荐枕席。《文选》宋玉《高唐赋》："闻君游高唐，愿荐枕席。"

⑤ 挂冠：谓辞官。

⑥ 形骸：形体，对精神而言。意谓肤浅之说。

⑦ 通人：学通古今的人。

⑧ 格：推究。

助记导图

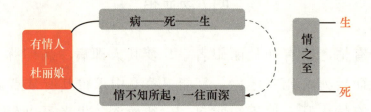

作品档案

汤显祖（1550—1616年），明代戏曲家、文学家，字义仍，号海若、若士、清远道人，江西临川人。汤显祖万历十一年（1583年）中进士，任太常寺博士、礼部主事，因弹劾申时行，降为徐闻典史，后调任浙江遂昌知县，又因不附权贵而免官，未再出仕。他曾从罗汝芳读书，又受李贽思想的影响，在戏曲创作方面，反对拟古和拘泥于格律。他作有传奇《牡丹亭》《邯郸记》《南柯记》《紫钗记》，合称"临川四梦"，以《牡丹亭》最著名。在戏曲史上，他和关汉卿、王实甫齐名，在中国乃至世界文学史上都占有重要的地位。

第五单元 尘世喧嚣情意贵

情境默写

① 文中描写感情在不知不觉中生发出来，并且越来越深的句子是"_____，_____"。

② 文中表现爱情可以超脱时空及生死的"情之至"境界的句子是"_____，_____。_____，_____，_____"。

知识小链接

《牡丹亭》经典名句

① 惊觉相思不露，原来只因已入骨。

② 人易老，事多妨，梦难长。一点深情，三分浅土，半壁斜阳。

③ 梦短梦长俱是梦，年来年去是何年。

④ 则为你如花美眷，似水流年。是答儿闲寻遍，在幽闺自怜。

⑤ 这般花花草草由人恋，生生死死随人愿，便酸酸楚楚无人怨。

第六单元　时光莫负趁华年

单元导读

朝气蓬勃是太阳的旋律，波澜壮阔是大海的旋律，竞相绽放是花朵的旋律，青春的旋律是什么呢？青春拥有"春水碧于天，画船听雨眠"的闲适悠哉片段，青春拥有"长风破浪会有时，直挂云帆济沧海"的勇气与决心；青春拥有"日出江花红胜火，春来江水绿如蓝"的绚丽色彩。青春是一道光，青春是一团火，勤奋进取就是青春最动人的旋律。

如果你是一个仰望星空的人，就会有暗夜也遮不住的情怀。"鸿鹄高飞，不集污池。何则？其极远也。"立鸿鹄志，不懈奋斗，就是青春最美丽的颜色。

青春逢盛世，奋斗正当时。奔跑吧，少年！愿你青春无悔，不负韶华！

一、青春

采桑子·时光只解催人老

北宋 / 晏殊

时光只解催人老，不信多情，长恨离亭，泪滴春衫酒易醒。

梧桐昨夜西风急，淡月胧明，好梦频惊，何处高楼雁一声？

知识加油站

◎ 诵读点拨

　　这首词以情感曲折细腻见长，抒发了叹流年、悲迟暮、伤离别的复杂情感，悲凉凄紧。诵读时，语气应沉郁低缓。

助记导图

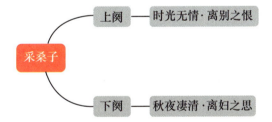

作品档案

　　晏殊（991—1055 年），字同叔，抚州临川（今江西临川）人，北宋著名文学家、政治家，14 岁以神童入试，赐同进士出身。晏殊以词著于文坛，尤擅小令，

风格含蓄婉丽，与其子晏几道并称为"大晏"和"小晏"，又与欧阳修并称"晏欧"；亦工诗善文，原有集，已散佚。存世作品有《珠玉词》《晏元献遗文》《类要》残本。

情境默写

文中抒发时光流逝、离别的无奈之情的句子是"＿＿＿＿＿＿＿＿，＿＿＿＿＿＿＿＿，＿＿＿＿＿＿＿＿，＿＿＿＿＿＿＿＿"。

知识小链接

表达"时光易逝，及时努力"的经典诗句

① 前不见古人，后不见来者，念天地之悠悠，独怆然而涕下。

——陈子昂《登幽州台歌》

② 闲云潭影日悠悠，物换星移几度秋？阁中帝子今何在，槛外长江空自流。

——王勃《滕王阁诗》

③ 三更灯火五更鸡，正是男儿读书时。黑发不知勤学早，白首方悔读书迟。

——颜真卿《劝学》

青春万岁（序诗）

王蒙

所有的日子，所有的日子都来吧，
让我编织你们，用青春的金线，
和幸福的璎珞，编织你们。

有那小船上的歌笑，月下校园的欢舞，
细雨蒙蒙里踏青，初雪的早晨行军，
还有热烈的争论，跃动的、温暖的心……

是转眼过去了的日子，也是充满遐想的日子，
纷纷的心愿迷离，像春天的雨，
我们有时间，有力量，有燃烧的信念，
我们渴望生活，渴望在天上飞。

是单纯的日子，也是多变的日子，
浩大的世界，样样叫我们好惊奇，
从来都兴高采烈，从来不淡漠，
眼泪，欢笑，深思，全是第一次。

所有的日子都去吧，都去吧，
在生活中我快乐地向前，
多沉重的担子我不会发软，
多严峻的战斗我不会丢脸；
有一天，擦完了枪，擦完了机器，擦完了汗，
我想念你们，招呼你们，
并且怀着骄傲，注视你们。

知识加油站

◎诵读点拨

这是王蒙的长篇小说《青春万岁》的序诗。意象鲜明，激情饱满，语言豪迈，旋律明快，歌颂了青春的力量。

助记导图

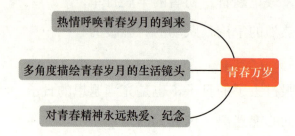

作品档案

王蒙，1934年生于北平（今北京），河北南皮人，祖籍河北沧州，中国当代作家、学者，著有长篇小说《青春万岁》《活动变人形》等近百部小说，其作品反映了中国人民在前进道路上的坎坷历程。他乐观向上、激情充沛，成为当代文坛上创作最为丰硕、始终保持创作活力的作家之一。

情境默写

① 文中表明热情迎接未来，编织梦想的句子是："所有的日子，所有的日子都来吧，＿＿＿＿＿＿，＿＿＿＿＿＿，＿＿＿＿＿＿，＿＿＿＿＿＿，＿＿＿＿＿＿"。

② 文中表达自信的力量以及对生活与成功渴望的句子是"＿＿＿＿＿＿，＿＿＿＿＿＿，＿＿＿＿＿＿，我们＿＿＿＿＿＿，＿＿＿＿＿＿"。

知识小链接

《青春万岁》简介

《青春万岁》是王蒙创作的长篇小说。这篇小说以高昂的革命乐观主义精神向读者展示了20世纪50年代初北京女七中高三女生热情洋溢的青春生活，刻画了一批成长于新旧交替时代的青年人特有的精神风貌：她们有理想，有热情，对生活积极乐观，"用青春的金线"和"幸福的缨珞"编织属于她们的日子。这篇小说采用了色调鲜明的对比衬托手法，表现出不同社会制度下人物的命运，歌颂了青春的力量。

岁月

三毛

我们三十岁的时候悲伤二十岁已经不再回来。

我们五十岁的年纪怀念三十岁的生日又多么美好。

当我们九十九岁的时候，想到这一生的岁月如此安然度过，可能快乐得如同一个没被抓到的贼一般嘿嘿偷笑。

相信生活和时间。

时间冲淡一切苦痛。

生活不一定创造更新的喜悦。

小孩子只想长大，青年人恨不得赶快长胡子，中年人染头发，高年人最不肯记得年纪。

出生是最明确的一场旅行。死亡难道不是另一场出发？

成长是一种蜕变，失去了旧的，必然因为又来了新的，这就是公平。

孩子和老人，在心灵的领域里，比起其他阶段的人来说，自由得多了。

因为他们相似。

岁月极美，在于它必然的流逝。

春花、秋月、夏日、冬雪。

晨读时光

知识加油站

◎ 诵读点拨

这是中国现代作家、旅行家三毛的一篇散文作品。文章风格简约，文字精练，生动地描述了人生各个阶段的忧和喜，阐明了"岁月极美，在于它必然的流逝"，启迪读者珍惜每个生命阶段的美好，更多地把注意力放在今天，过去不可追，来者总会来。诵读时，语气应舒缓。

助记导图

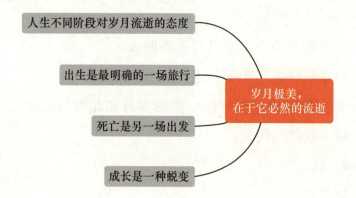

作品档案

三毛（1943—1991年），曾用名陈懋（mào）平，后改名为陈平，祖籍浙江定海，出生于重庆黄桷垭，1948年随父母迁居台湾。

情境默写

① 关于生死，三毛说："_____。_____"。

② 成长的公平在于："_____，_____，_____，_____"。

> **知识小链接**
>
> ### 三毛父母对她的追思
>
> 我女儿常说，生命不在于长短，而在于是否痛快地活过。我想这个说法也就是：确实掌握住人生的意义而生活。
>
> ——父亲陈嗣庆
>
> 三毛是个纯真的人，在她的世界里，不能忍受虚假，就是这点求真的个性，使她踏踏实实地活着。也许她的生活、她的遭遇不够完美，但是我们确知：她没有逃避她的命运，她勇敢地面对人生。
>
> ——母亲缪进兰

青春

美/塞缪尔·厄尔曼　王佐良　译

青春不是年华，而是心境；青春不是桃面、丹唇、柔膝，而是深沉的意志，恢宏的想象，炙热的情感；青春是生命的深泉在涌流。

青春气贯长虹，勇锐盖过怯弱，进取压倒苟安。如此锐气，二十后生而有之，六旬男子则更多见。年岁有加，并非垂老；理想丢弃，方堕暮年。

岁月悠悠，衰微只及肌肤；热忱抛却，颓废必至灵魂。忧烦，惶恐，丧失自信，定使心灵扭曲，意气如灰。

无论年届花甲，拟或二八芳龄，心中皆有生命之欢乐，奇迹之诱惑，孩童般天真久盛不衰。人人心中皆有一台天线，只要你从天上人间接受美好、希望、欢乐、勇气和力量的信号，你就青春永驻，风华常存。

一旦天线倒塌，锐气便被冰雪覆盖，玩世不恭、自暴自弃油然而生，即使年方二十，实已垂垂老矣；然则只要树起天线，捕捉乐观信号，你就有望在八十高龄告别尘寰时仍觉年轻。

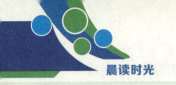

知识加油站

◎ 诵读点拨

这篇文章打动了无数人的心，作者以理性深湛的思考、简练诗化的语言和高亢激越的旋律对"青春"作出了完美的诠释——只要拥有"勇锐"，拥有"进取"，你就会充满青春的活力。诵读时，应注意情感的把握，要激情饱满。

助记导图

作品档案

塞缪尔·厄尔曼（1840—1924年），是一名生于德国的美国作家。儿时随家人移居美利坚，参加过南北战争，之后定居伯明翰，经营五金杂货，年逾七十才开始写作。他的著作有知名散文《青春》等。

情境默写

① 六旬男子可能比二十后生更青春，因为"_____，_____；_____，_____"。

② 岁月流逝，灵魂未必颓废，因为"_____，_____；_____，_____"。

③ 人人皆可享受青春的美，因为"_____，_____，_____，_____，_____"。

> **知识小链接**

写青春的经典诗文

① 希望会使你年轻，因为希望和青春是同胞兄弟。

——雪莱

② 青春不是人生的一段时期，而是心灵的一种状态。

——塞涅卡

③ 青春之字典，无"困难"二字，青年之口头，无"障碍"之语，惟知跃进，惟知雄飞，惟知本其自由之精神，奇僻之思想，敏锐之直觉，活泼之生命，以创造环境，征服历史。

——李大钊

闪耀吧，青春的火光

郭小川

我几乎不能辨认，这季节，到底是夏天还是春天。因为，在我目光所及的地方，处处都浮跃着新生的喜欢；我几乎计算不出，我自己，究竟是中年还是青年，因为，从我面前流过的每一点时光，都是这样的新鲜！

我呀——好动，而且兴趣过于广泛，只是对这样的生活，发生了永世不渝的爱恋；我呀——渺小而平凡。可是，我把自己看作巨人，辽阔的国土就是我的家园。

亲爱的朋友们哪，青春，属于你，属于我，属于我们每一个人，让我们同我们的祖国一起，度过这壮丽的青春！

然而，青春不只是秀美的发辫和花色的衣裙，在青春的世界里，沙粒要变成珍珠，石头要化作黄金；青春的所有者也不能总在高山麓、溪水旁谈情话、看

流云，青春的魅力应当让枯枝长出鲜果，沙漠布满森林；大胆的向望、不倦的思索、一往直前的行进，这才是青春的美，青春的欢乐，青春的本分！

是啊，我们不要那种旁观者，他来到这个世界上，既不同谁发生争执，也不做半点交涉。不！我们是沸腾的铁水，每一滴都发出高热，我们走到哪里，就要把哪里的黑暗和寒冷冲破。我们不喜欢那种饶舌的勇士，瀑布般的埋怨之声，淹没了露珠大的、真正的努力。不！我们是生活的勘测员，珍惜大地上的每一块矿石。我们讨厌那种看风转舵的船手，他心中啊，没有方向盘，只懂得跟在人家的屁股后面。不！我们宁愿做个萤火虫，永远永远，朝着光明的去处走，即使在前进的途中，焚身葬骨，也唱着高歌，不回头。我们憎恶那种自私自利的庸人——人活着，只是为了生前的享乐和死后的阔气的仪殡。不！我们纯洁的心灵，不能蒙上一粒灰尘，我们每一滴血汗，都是为了贡献给我们所深爱的人民！

啊，曲折的道路是这样漫长，一不小心，就会走上岔道，陷进泥塘。然而，英雄的意志，谁也不能阻挡——祖国给我们以力量！

闪耀吧，青春的火光！

闪耀吧，青春的火光！——我们为什么不能在这片国土上创造出惊天动地的奇迹？我们为什么不能使我们的外表和心灵变得又纯洁，又朴质？我们为什么不能几倍的加快我们事业的前进速率？我们为什么不能一个人迸发出三个人的威力？！——朋友啊，我们能啊！而且，这算不了什么——因为，我们的脚下，是青春的祖国！

再没有什么能主宰这伟大的生活！我们永远不会忘记我们的神圣职责！我们永远不会把这壮丽的青春辱没！

——啊，青春，愿你光芒四射！

青春，你一天也不能离开我！

知识加油站

◎诵读点拨

诗人那政论家般的头脑，创业者般的胸怀，战士般嫉恶如仇的性情，为新事物大喊大叫的歌喉，使他的诗歌像战鼓、像号角催动人们前进。诵读时，应热情饱满，激情满怀。

助记导图

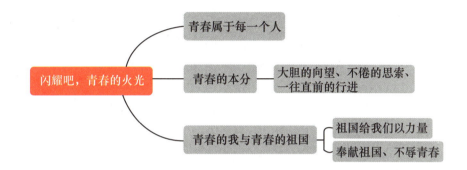

作品档案

郭小川（1919—1976年），原名郭恩大，生于河北丰宁。《闪耀吧，青春的火光》写于1955—1956年，诗人在回忆这个时期的创作时曾这样说："当我因为走上文艺岗位而重新写作的时候，社会主义建设和社会主义革命的伟大号召已经响彻云霄，……，我愿意让这支笔蘸满了战斗的热情，帮助我们的读者，首先是青年读者生长革命的意志，勇敢地'投入火热的斗争'。"

情境默写

① 青春的本分在于"＿＿＿＿＿＿＿＿、＿＿＿＿＿＿＿＿、＿＿＿＿＿＿＿＿"。

② 我们讨厌那种看风转舵的船手，因为"＿＿＿＿＿＿＿＿，＿＿＿＿＿＿＿＿，＿＿＿＿＿＿＿＿，＿＿＿＿＿＿＿＿，＿＿＿＿＿＿＿＿，＿＿＿＿＿＿＿＿"。

③ 我们憎恶那种自私自利的庸人，因为"＿＿＿＿＿＿＿＿，＿＿＿＿＿＿＿＿，＿＿＿＿＿＿＿＿"。

> **知识小链接**
>
> **郭小川"新辞赋体"欣赏**
>
> 战士自有战士的性格,不怕污蔑,不怕恫吓;
> 战士自有战士的抱负,永远改造,从零出发;
> 战士自有战士的胆识,不信流言,不受欺诈;
> 战士自有战士的爱情,忠贞不渝,新美如画!

四时读书乐

元 / 翁森

春

山光拂槛水绕廊,舞雩①归咏春风香。
好鸟枝头亦朋友,落花水面皆文章。
蹉跎莫遣韶光老,人生唯有读书好。
读书之乐乐何如,绿满窗前草不除。

夏

修竹压檐桑四围,小斋幽敞明朱晖。
昼长吟罢蝉鸣树,夜深烬落萤入帏。
北窗高卧②羲皇侣,只因素稔读书趣。
读书之乐乐无穷,瑶琴一曲来薰风。

秋

昨夜前庭叶有声，篱豆花开蟋蟀鸣。

不觉商意③满林薄，萧然万籁涵虚清。

近床赖有短檠在，对此读书功更倍。

读书之乐乐陶陶，起弄明月霜天高。

冬

木落水尽千岩枯，迥然吾亦见真吾。

坐对韦编灯动壁，高歌夜半雪压庐。

地炉茶鼎烹活火，四壁图书中有我。

读书之乐何处寻？数点梅花天地心。

知识加油站

◎ **重点字词**

① 舞雩（yú）：雩，古代求雨的祭礼。祭天求雨之处，有树有坛，雩祭时有歌舞，称舞雩。

② 北窗高卧：比喻悠闲自得。出自陶渊明《与子俨等疏》。

③ 商意：秋意；秋气。

◎ **诵读点拨**

这首诗勉励人们勤奋读书，全诗的基调是单纯积极向上的，诗的意境画面感立体而热烈，美好而令人神往。诵读时，要在理解诗意的基础上感悟诗歌的内容，体会读书的快乐。

助记导图

作品档案

翁森（生卒年不详），浙江台州仙居人，字秀卿，号一瓢，活动于南宋末期至元朝初期，宋元文人，著有《一瓢稿》。

《四时读书乐》是《一瓢稿》中的一文，是作者以春、夏、秋、冬读书为题所作的组诗，这组诗以生动的艺术形式，绮美的文学意象，呈现给我们四季读书的不同风采和浓郁的兴味，概括了中国古典社会的读书情趣。

情境默写

① 文中以春景的美好劝导人们珍惜时间，莫负春光，读书不辍的句子是"_____，_____"。

② 文中以夏之景来写出读书之乐的句子是"_____，_____"。

③ 文中写秋景与读书之乐情景交融的句子是"_____，_____"。

④ 文中写诗人雪夜乐读，犹如一朵傲雪梅花的句子是"_____，_____"。

知识小链接

春暮即事

宋/翁森

啼鹃春已暮，徒倚念流光。
雨涨溪春急，山晴火种忙。
寻芳知兴浅，怀远觉愁长。
两月无来客，青苔满石床。

观书

明 / 于谦

书卷多情似故人，晨昏忧乐每相亲。
眼前直下三千字，胸次全无一点尘①。
活水源流随处满，东风花柳逐②时新。
金鞍玉勒寻芳客，未信我庐③别有春。

知识加油站

◎ **重点字词**

① 胸次全无一点尘：这句指专心读书，胸无杂念。胸次：胸中，心里。尘：杂念。

② 逐：挨着次序。

③ 庐：本指乡村一户人家所占的房地，引申为村房或小屋的通称。这里指书房。

◎ **诵读点拨**

这是一首七言古诗，总共八句，每句七字三个节拍。整首诗写诗人自己的亲身体会，抒发喜爱读书之情，意趣高雅，说理形象。诵读时，可以气长而稳，语调要舒展自如，读出感染力。

助记导图

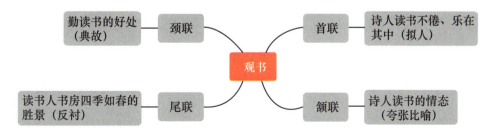

晨读时光

作品档案

于谦（1398—1457年），字廷益，号节庵，官至少保，世称于少保，明代著名民族英雄、诗人，生性刚直，博学多闻。他的勤学苦练精神与他的高风亮节一样名传后世。于谦酷爱读书，养成了读书的习惯，深知读书的益处。当时，不少人将读书当作敲门砖，做官的大门敲开后就放弃书本。酷爱读书的于谦题下《观书》一作抒发胸臆，批评读书现状。本诗盛赞书之好处，极写读书之趣。

情境默写

① 文中将书卷比作多情的老朋友，形象地表明诗人读书不倦、乐在其中的句子是"＿＿＿＿＿＿＿＿＿，＿＿＿＿＿＿＿＿＿"。

② 文中极言读书之多之快，更表现诗人全身心投入读书的句子是"＿＿＿＿＿＿＿＿＿，＿＿＿＿＿＿＿＿＿"。

③ 文中以贵公子反衬，显示读书人书房四季如春的胜景的句子是"＿＿＿＿＿＿＿＿＿，＿＿＿＿＿＿＿＿＿"。

知识小链接

于谦经典诗句

① 杨柳阴浓水鸟啼，豆花初放麦苗齐。

——《平阳道中》

② 年去年来白发新，匆匆马上又逢春。关河底事空留客？岁月无情不贷人。一寸丹心图报国，两行清泪为思亲。孤怀激烈难消遣，漫把全簇五辛。

——《立春日感怀》

③ 荻花枫叶愁江渚，莼菜鲈鱼忆故乡。

——《秋风》

读书使人优美

毕淑敏

优美在字典上的意思是美好。

做一个美好的人,我相信是绝大多数人的心愿。谁不愿意美好啊?除了心灵的美好,外表也需美好。为了这份美好,人们使出了万千手段。比如刀兵相见的整容,比如涂脂抹粉的化妆。为了抚平脸上的皱纹,竟然发明了用肉毒杆菌的毒素在眉眼间注射,让面部微小神经麻痹,换来皮肤的暂时平滑……让我这个曾经当过医生的人,胆战心惊。

其实,有一个最简单的美容之法,却被人们忽视,那就是读书啊!

读书的时候,人是专注的。因为你在聆听一些高贵的灵魂自言自语,不由自主地谦逊和聚精会神。即使是读闲书,看到妙处,也会忍不住拍案叫绝……长久的读书可以使人养成恭敬的习惯,知道这个世界上可以为师的人太多了,在生活中也会沿袭洗耳倾听的姿态。而倾听,是让人神采倍添的绝好方式。所有的人都渴望被重视,而每一个生命也都不应被忽视。你重视了他人,魅力就降临在你双眸。

读书的时候,常常会会心一笑。那些智慧和精彩,那些英明与穿透,让我们在惊叹的同时拈页展颜。微笑是最好的敷粉和装点,微笑可以传达比所有语言更丰富的善意与温暖。有人觉得微笑很困难,以为是一个如何掌控面容的技术性问题,其实不然。不会笑的人,我总疑心是因为读书的不够广博和投入。书是一座快乐的富矿,储存了大量浓缩的欢愉因子,当你静夜抚卷的时候,那些因子如同香氛蒸腾,迷住了你的双眼,你眉飞色舞,中了蛊似地笑起来,独享其乐。也许有人说,我读书的时候,时有哭泣呢!哭,其实也是一种广义的微笑,因为灵魂在这一个瞬间舒展,尽情宣泄。告诉你一个小秘密:我大半生所有的快乐累加一处,都抵不过我在书中得到的欢愉多。而这种欣悦,是多么地简便和利于储存啊,物美价廉重复使用,且永不磨损。

晨读时光

　　读书让我们知道了天地间很多奥秘，而且知道还有更多的奥秘，不曾被人揭露，我们就不敢用目空一切的眼神睥睨①天下。读书其实很多时候是和死人打交道，图书馆堆积的基本上都是思索者的木乃伊，新华书店里出售的大部分也是亡灵的墓志铭。你在书籍里看到了无休无止的时间流淌②，你就不敢奢侈，不敢口出狂言。自知是一切美好的基石。当你把他人的聪慧加上你自己的理解，恰如其分地轻轻说出的时候，你的红唇就比任何美丽色彩的涂抹，都更加光艳夺目。

　　你想美好吗？你就读书吧。不需要花费很多的金钱，但要花费很多的时间。坚持下去，持之以恒，优美就像五月的花环，某一天飘然而至，簇拥你颈间。

知识加油站

◎ **重点字词**

① 睥睨（pì nì）：眼睛斜着看，表示傲视或厌恶。

② 流淌（liú tǎng）：液体流动。

◎ **诵读点拨**

　　本文生动形象地说明了读书给人带来的改变，在文意的蓄势和铺垫后，作者明确地告诉我们，最简单的美容之法就是读书。诵读时，要注意情感的铺垫，在诵读中感受读书的魅力，品味文章的内涵。

助记导图

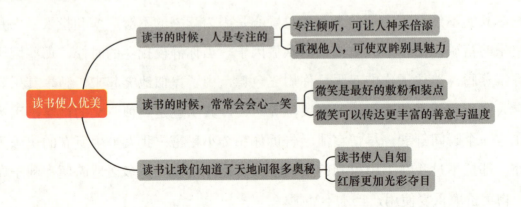

第六单元 时光莫负趁华年

作品档案

这篇文章是当代著名作家毕淑敏关于读书的一篇励志文章。这篇文章写出了读书的价值，当我们沉浸在作品当中时，就可以把自己的形象仪容仪表从内到外兼修。"你想美好吗？你就读书吧。""坚持下去，持之以恒，优美就像五月的花环，某一天飘然而至，簇拥你颈间。"让我们一起读书吧！

情境默写

读书有许多好处，请根据文本填一填：

① 读书的时候，常常会会心一笑。……微笑是＿＿＿＿＿＿＿＿，微笑可以传达比所有语言更＿＿＿＿＿＿＿＿。

② 长久的读书可以使人养成＿＿＿＿＿＿＿＿的习惯，知道这个世界上可以为师的人太多了，在生活中也会沿袭＿＿＿＿＿＿＿＿。而倾听，是让人＿＿＿＿＿＿＿＿的绝好方式。

③ 坚持下去，持之以恒，优美就像＿＿＿＿＿＿＿＿，某一天飘然而至，＿＿＿＿＿＿＿＿。

知识小链接

毕淑敏经典语句

① 如果你愤怒，你就呐喊；如果你哀伤，你就哭泣；如果你热爱，你就表达；如果你喜欢，你就追求。不自我贬低，不自怨自艾，走出去，勇敢做自己。

——《心灵的力量》

② 人生总是有灾难。其实大多数人早已练就了对灾难的从容，我们只是还没有学会灾难间隙的快活。我们太多注重了自己警觉苦难，我们太忽视提醒幸福。请从此注意幸福！幸福也需要提醒吗？

——《提醒幸福》

炳烛而学[1]

西汉 / 刘向

晋平公[2]问于师旷曰："吾年七十，欲学，恐已暮矣。"师旷曰："何不炳烛乎？"

平公曰："安有为人臣而戏其君乎？"

师旷曰："盲臣安敢戏其君？臣闻之，少而好学，如日出之阳；壮而好学，如日中之光；老而好学，如炳烛之明。炳烛之明，孰与昧行乎[3]？"

平公曰："善哉！"

知识加油站

◎ 重点词句

① 炳烛而学：这个词是师旷劝谏晋平公不要因为年老而担心学习太晚所设之比喻。

② 晋平公：春秋时晋国国君。

③ 炳烛之明，孰与昧行乎：（拥有）蜡烛的光亮，与在昏暗中行走相比，哪一个更好呢？

◎ 诵读点拨

本文是臣子师旷劝谏晋平公不要因年老而担心学习太晚的故事。诵读时，首先要把握文章的主旨，文中师旷以比喻的形式徐徐说理，"炳烛之明，孰与昧行乎？"等劝说的重点语句可以通过放缓语速等方式加以突出。

助记导图

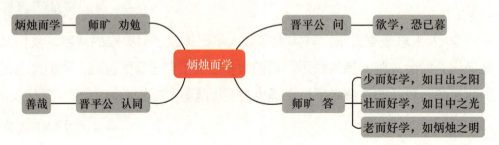

作品档案

刘向（公元前77年—公元前6年），原名刘更生，字子政，沛郡丰邑（今属江苏徐州）人，西汉时经学家、文学家、目录学家，曾领校秘书。

《炳烛而学》选自《说苑》，《说苑》是刘向校书时根据皇家藏书和民间图籍，按类编辑的先秦至西汉的一些历史故事和传说，并夹有作者的议论，带有一定的哲理性，叙事意蕴讽喻，故事性颇强，以对话体为主。

情境默写

晋平公年逾七十想要学习，担心为时已晚，师旷通过三个比喻劝说他炳烛而学。按原文写出师旷劝学的句子是"少而好学，＿＿＿＿＿＿＿；壮而好学，＿＿＿＿＿＿＿；老而好学，＿＿＿＿＿＿＿"。

知识小链接

勤学小典故

① 悬梁刺股：主要人物是东汉孙敬和战国苏秦，比喻废寝忘食地刻苦学习。

② 囊萤夜读：主要人物是晋代车胤，用萤火虫发出的光来照明看书，后用来比喻家境贫苦，刻苦读书。

③ 韦编三绝：出自《史记·孔子世家》，原为孔子为读《周易》而多次翻断了牛皮带子的简，现用于比喻读书勤奋。

南陵①别儿童入京

唐 / 李白

白酒新熟山中归，黄鸡啄黍秋正肥。
呼童烹鸡酌白酒，儿女嬉笑牵人衣。
高歌取醉欲自慰，起舞落日争光辉②。
游说万乘苦不早，著鞭跨马涉远道。
会稽愚妇轻买臣，余亦辞家西入秦。
仰天大笑出门去，我辈岂是蓬蒿人③。

知识加油站

◎ **重点字词**

① 南陵：一说在东鲁，曲阜县南有陵城村，人称南陵；一说在今安徽省南陵县。

② 起舞落日争光辉：指人逢喜事光彩焕发，与日光相辉映。

③ 蓬蒿人：草野之人，也就是没有当官的人。

◎ **诵读点拨**

这是一首激情洋溢的七言古诗，每句七字、三个节拍，总共十二句。诵读时，要读出诗人的踌躇满志、豪放自信，"仰天大笑""岂""蓬蒿人"可重读。

助记导图

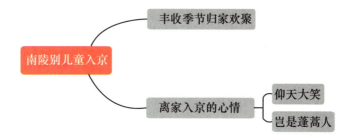

作品档案

李白素有远大的抱负，他立志要"申管晏之谈，谋帝王之术，奋其智能，愿为辅弼，使寰区大定，海县清一"。这首诗是李白创作的歌行体作品。天宝元年（742年），已经四十二岁的李白得到唐玄宗召他入京的诏书。他异常兴奋，立刻回到南陵家中，与儿女告别，并写下了这首激情洋溢的七言古诗，诗中毫不掩饰其喜悦之情。

情境默写

① 此诗开头描绘出一派丰收的景象的句子是"＿＿＿＿＿＿，＿＿＿＿＿＿"。

② 诗中以跨马扬鞭巴不得一下跑完遥远的路程来表现诗人的满怀希望和急切之情的句子是"＿＿＿＿＿＿，＿＿＿＿＿＿"。

③ 诗中把诗人踌躇满志的形象表现得淋漓尽致，将感情的波澜涌向高潮的句子是"＿＿＿＿＿＿，＿＿＿＿＿＿"。

知识小链接

李白经典诗句

① 人生得意须尽欢，莫使金樽空对月。

——《将进酒》

② 齐心戴朝恩，不惜微躯捐。

——《在水军宴赠幕府诸侍御》

③ 宣父犹能畏后生，丈夫未可轻年少。

——《上李邕》

④ 草不谢荣于春风，木不怨落于秋天。

——《日出入行》

⑤ 虽长不满七尺，而心雄万夫。

——《与韩荆州书》

相信未来

食指

当蜘蛛网无情地查封了我的炉台，
当灰烬的余烟叹息着贫困的悲哀，
我依然固执地铺平失望的灰烬①，
用美丽的雪花写下：相信未来。

当我的紫葡萄化为深秋的露水，
当我的鲜花依偎在别人的情怀，
我依然固执地用凝霜的枯藤，
在凄凉的大地上写下：相信未来。

我要用手指那涌向天边的排浪，
我要用手掌那托住太阳的大海，
摇曳着曙光那枝温暖漂亮的笔杆，
用孩子的笔体写下：相信未来。

我之所以坚定地相信未来，
是我相信未来人们的眼睛——
她有拨开历史风尘的睫毛，
她有看透岁月篇章的瞳孔。

不管人们对于我们腐烂的皮肉，
那些迷途的惆怅，失败的苦痛，
是寄予感动的热泪，深切的同情，
还是给以轻蔑的微笑，辛辣的嘲讽。

我坚信人们对于我们的脊骨，
那无数次的探索、迷途、失败和成功，
一定会给予热情、客观、公正的评定，
是的，我焦急地等待着他们的评定。

朋友，坚定地相信未来吧，
相信不屈不挠的努力，
相信战胜死亡的年轻，
相信未来，热爱生命。

知识加油站

◎ **重点字词**

① 灰烬：物品燃烧后的灰和烧剩下的东西。

◎ **诵读点拨**

这是一首有着深刻的思想、优美的意境且具有朗朗上口诗风的现代诗，诵读时要理解诗歌要表达的意思和诗中沉郁悲慨的情感，第一、第二节语速可以稍慢，第三节语速稍快，第四节思想逐层深入，韵律渐趋高昂。

助记导图

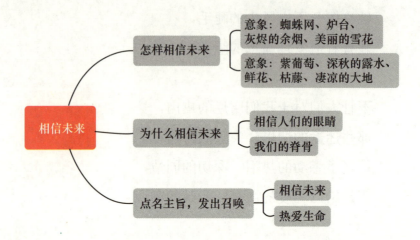

作品档案

食指，1948年生，本名郭路生，山东鱼台人，朦胧诗代表人物，被当代诗坛誉为朦胧诗鼻祖。

《相信未来》写于1968年，是他的代表作，这首诗曾影响了一代人。当年，许多知青在生活极其艰难和理想接近破灭时，就是这首诗给了他们精神慰藉。

情境默写

①文中点明"我之所以坚定地相信未来"的原因是"我之所以坚定地相信未来，是我相信未来人们的眼睛——_____，_____"。……"我坚信人们对于我们的脊骨，_____， _____，_____，_____"。

②诗中点明主旨，发出召唤，要坚定地相信未来的句子是"朋友，坚定地相信未来吧，_____，_____，_____，_____"。

> **知识小链接**
>
> **食指经典诗句**
>
> ① 我的一生是辗转飘零的落叶，我的未来是抽不出锋芒的青稞。如果命运真的是这样的话，我情愿为野生的荆棘放声高歌。
>
> ——《命运》
>
> ② 朋友，你为什么流泪了。要哭就索性哭个痛快。不是哭它那逝去的青春，而是哭一颗曾战斗过的那灵魂。
>
> ——《再也掀不起波浪的海》
>
> ③ 但我有着向恶势力挑战的个性，虽是历经挫折，我绝不轻从。
>
> ——《热爱生命》

做一个战士

巴金

一个年轻的朋友写信问我："应该做一个什么样的人？"我回答他："做一个战士。"

另一个朋友问我："怎样对付生活？"我仍旧回答他："做一个战士。"

《战士颂》的作者曾经写过这样的话：

我激荡在这绵绵不息、滂沱四方的生命洪流中，我就应该追逐这洪流，而且追过它，自己去造更广更深的洪流。

我如果是一盏灯，这灯的用处便是照彻那多量的黑暗。我如果是海潮，便要鼓起波涛去洗涤海边一切陈腐的积物。

这一段话很恰当地写出了战士的心情。

在这个时代，战士是最需要的。但是这样的战士并不一定要持枪上战场。他

晨读时光

的武器也不一定是枪弹。他的武器还可以是知识、信仰和坚强的意志。他并不一定要流仇敌的血，却能更有把握地致敌人的死命。

战士是永远追求光明的。他并不躺在晴空下享受阳光，却在暗夜里燃起火炬，给人们照亮道路，使他们走向黎明。驱散黑暗，这是战士的任务。他不躲避黑暗，却要面对黑暗，跟躲藏在阴影里的魑魅魍魉[1]搏斗。他要消灭它们而取得光明。战士是不知道妥协的。他得不到光明便不会停止战斗。

战士是永远年轻的。他不犹豫，不休息。他深入人丛中，找寻苍蝇、毒蚊等等危害人类的东西。他不断地攻击它们，不肯与它们共同生存在一个天空下面。对于战士，生活就是不停的战斗。他不是取得光明而生存，便是带着满身伤疤而死去。在战斗中力量只有增长，信仰只有加强。在战斗中给战士指路的是"未来"，"未来"给人以希望和鼓舞。战士永远不会失去青春的活力。

战士是不知道灰心与绝望的。他甚至在失败的废墟上，还要堆起破碎的砖石重建九级宝塔。任何打击都不能击破战士的意志。只有在死的时候他才闭上眼睛。

战士是不知道畏缩的。他的脚步很坚定。他看定目标，便一直向前走去。他不怕被绊脚石摔倒，没有一种障碍能使他改变心思。假象绝不能迷住战士的眼睛，支配战士的行动的是信仰。他能够忍受一切艰难、痛苦，而达到他所选定的目标。除非他死，人不能使他放弃工作。

这便是我们现在需要的战士。这样的战士并不一定具有超人的能力。他是一个平凡的人。每个人都可以做战士，只要他有决心。所以我用"做一个战士"的话来激励那些在彷徨、苦闷中的年轻朋友。

知识加油站

◎ 重点字词

[1] 魑魅魍魉（chī mèi wǎng liǎng）：原为古代传说中的鬼怪。这里指各种各样的坏人。出自《左传·宣公三年》："魑魅魍魉，莫能逢之。"

◎ 诵读点拨

人生的每个阶段都会面对不同的挑战，把每个阶段所面临的挑战当作一次战役,以一个战士的态度去勇于面对,这是作者要表达的思想内容。战士是追求光明的,是为了人类的前途和明天而战的。诵读时,要饱含战士的壮志豪情。

助记导图

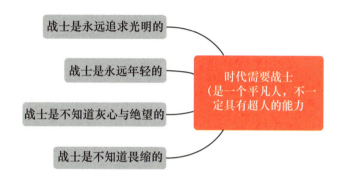

作品档案

巴金(1904—2005年),原名李尧棠,字芾甘,四川成都人,祖籍浙江嘉兴,现代文学家、翻译家、出版家,五四运动以来最有影响的作家之一,被誉为"二十世纪中国文学的良心"。他的文学思想核心是真与善,小说带有强烈主观性、抒情性,曾获但丁国际奖,又有人民作家之称,并获法国荣誉军团勋章等荣誉。

情境默写

① 文中写战士追求光明,照亮别人的句子是"_____。_____,_____,_____,_____"。

② 文中写战斗对人磨炼的句子是"_____,_____"。

③ 文中写战士百折不挠的句子是"_____。他甚至在失败的废墟上,_____。_____。_____"。

> **知识小链接**

巴金名句欣赏

① 为着追求光和热，人宁愿舍弃自己的生命。生命是可爱的。但寒冷地、寂寞地生，却不如轰轰烈烈地死。

② 真正酷爱自由的人并不奔赴已有自由的地方，他们要在没有自由或者失去自由的地方创造自由，夺回自由。

③ 我不配做一盏灯，那么就让我做一块木柴吧！

报任安书（节选）

西汉 / 司马迁

古者富贵而名摩灭，不可胜记，唯倜傥非常之人称焉。盖文王拘而演《周易》；仲尼厄而作《春秋》；屈原放逐，乃赋《离骚》；左丘失明，厥有《国语》；孙子膑脚，《兵法》修列；不韦迁蜀，世传《吕览》；韩非囚秦，《说难》《孤愤》；《诗》三百篇，大抵圣贤发愤之所为作也。此人皆意有所郁结，不得通其道，故述往事、思来者。乃如左丘无目，孙子断足，终不可用，退而论书策，以舒其愤，思垂空文以自见。

> **知识加油站**

◎诵读点拨

"人固有一死，或重于泰山，或轻于鸿毛，用之所趋异也。"司马迁认识到生与死的价值，并给出了毫不含糊的解释。这种人生观发扬了孟子"生"与"义"的精神之髓，并将其发展到了一个更高的境界。诵读时，既要读出面对现实的深沉苦痛，更应表现直面痛苦、发愤著书的豪情。

助记导图

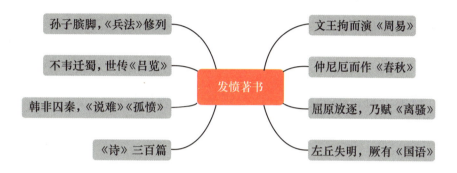

作品档案

司马迁（公元前145年或前135年—不可考），字子长，西汉史学家、散文家，任太史令，因替李陵败降之事辩解而受宫刑。

《报任安书》是司马迁写给其友人任安的一封回信。作者在信中以激愤的心情，饱满的感情，陈述了自己的不幸遭遇，抒发了内心的痛苦，说明因为《史记》未完，他决心放下个人得失，体现出一种进步的生死观。文章发语酸楚沉痛，笔端饱含感情，是一篇不可多得的奇文，具有极其重要的史料价值。

情境默写

文中写圣人发愤而著书的句子是"＿＿＿＿＿＿；＿＿＿＿＿＿；＿＿＿＿＿＿，＿＿＿＿＿＿；＿＿＿＿＿＿，＿＿＿＿＿＿；孙子膑脚，＿＿＿＿＿＿；不韦迁蜀，＿＿＿＿＿＿；韩非囚秦，＿＿＿＿＿＿；＿＿＿＿＿＿，大抵圣贤发愤之所为作也"。

> **知识小链接**
>
> ### 《史记》经典名句
>
> ① 其言必信,其行必果,已诺必诚。
>
> ——《史记·游侠列传》
>
> ② 积羽沉舟,群轻折轴,众口铄金,积毁销骨。
>
> ——《史记·张仪列传》
>
> ③ 骐骥之跼躅,不如驽马之安步。
>
> ——《史记·淮阴侯列传》
>
> ④ 泰山不让土壤,故能成其大;江河不择细流,故能就其深,王者不却众庶,故能明其德。
>
> ——《史记·李斯列传》

滕王阁序(节选)

唐/王勃

嗟乎!时运不齐①,命途多舛。冯唐易老,李广难封。屈贾谊于长沙,非无圣主;窜梁鸿于海曲,岂乏明时?所赖君子见机,达人知命。老当益壮,宁移白首之心?穷且益坚,不坠青云之志。酌贪泉而觉爽②,处涸辙③以犹欢。北海虽赊,扶摇可接;东隅已逝,桑榆非晚。孟尝高洁,空余报国之情;阮籍猖狂,岂效穷途之哭!

勃,三尺微命,一介书生。无路请缨,等终军之弱冠;有怀投笔,慕宗悫之长风。舍簪笏于百龄,奉晨昏于万里。非谢家之宝树,接孟氏之芳邻。他日趋庭,叨陪鲤对④;今兹捧袂,喜托龙门。杨意不逢,抚凌云而自惜;钟期既遇,奏流水以何惭?

知识加油站

◎ **重点句子**

① 时运不齐（jì）：命运不好。不齐：有蹉跎、有坎坷。

② 酌贪泉而觉爽：贪泉，在广州附近的石门，传说饮此水会贪得无厌，吴隐之喝下此水操守反而更加坚定。

③ 处涸辙：干涸的车辙，比喻困厄的处境。

④ 他日趋庭，叨（tāo）陪鲤对：鲤，孔鲤，孔子之子。趋庭，受父亲教诲。

◎ **诵读点拨**

选文一开始连用四个典故写怀才不遇，天才沦落，朗读时要体会作者悲凉的情绪。随后笔锋一转，"老当益壮""穷且益坚"，有无限的豪情。第二段既抒发报国无门的感慨，也隐喻自己"长风破浪"的浩气和积极进取的决心，应读出豪情满怀之感。

助记导图

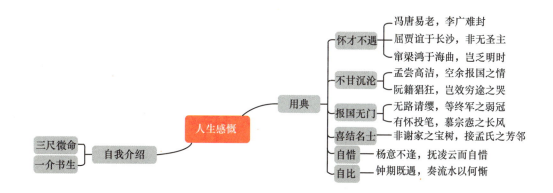

作品档案

王勃（约650—约676年），字子安，唐代诗人，绛州龙门（今山西河津）人，出身儒学世家，与杨炯、卢照邻、骆宾王并称为"初唐四杰"，王勃为四杰之首。

《新唐书·文艺传》记滕王阁诗会为:"九月九日都督大宴滕王阁,宿命其婿作序以夸客,因出纸笔遍请客,莫敢当,至勃,泛然不辞。都督怒,起更衣,遣吏伺其文辄报。一再报,语益奇,乃矍然曰:'天才也!'请遂成文,极欢罢。"可见当时王勃年轻气盛,才华横溢,挥毫泼墨,语惊四座的情景。

情境默写

① 文中借用冯唐、李广的典故抒发自己怀才不遇的苦闷的句子是"_____，_____"。

② 文中表现年老不改初衷,困境不弃远志的句子是"_____，_____？_____，_____"。

③ 文中表达自己乐观开朗情怀的句子是"_____，_____"。

④ 文中表达自己不甘沉沦的豪情壮志的句子是"_____，_____；_____，_____"。

知识小链接

《滕王阁序》经典诗词

① 关山难越,谁悲失路之人?萍水相逢,尽是他乡之客。
② 潦水尽而寒潭清,烟光凝而暮山紫。
③ 天高地迥,觉宇宙之无穷;兴尽悲来,识盈虚之有数。
④ 落霞与孤鹜齐飞,秋水共长天一色。
⑤ 爽籁发而清风生,纤歌凝而白云遏。